& CÓCTELES
bebidas de diseño

LA EXCLUSIVIDAD EN UNA COPA

& CÓCTELES
bebidas de diseño

LA EXCLUSIVIDAD EN UNA COPA

Carolina Aquino y Sandra Llanas

LIBSA

© 2013, Editorial LIBSA
C/ San Rafael, 4
28108 Alcobendas (Madrid)
Tel.: 91 657 25 80
Fax: 91 657 25 83
e-mail: libsa@libsa.es
www.libsa.es

COLABORACIÓN EN TEXTOS:
Carolina Aquino y Sandra Llanas
(propietarias del Café Galdós, Madrid)
y equipo editorial Libsa
EDICIÓN: equipo editorial Libsa
DISEÑO DE CUBIERTA: equipo de diseño Libsa
MAQUETACIÓN: equipo de maquetación Libsa
ILUSTRACIONES: Photos.com, Shutterstock Images, 123RF
y archivo Libsa

ISBN: 978-84-662-2683-7

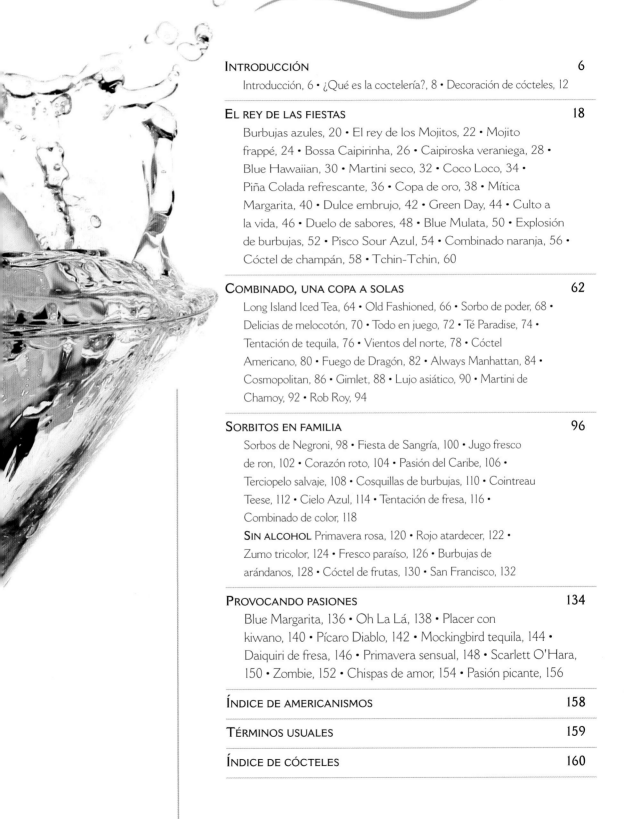

Contenido

Introducción

Empezaremos contando qué es un cóctel: exactamente, un cóctel es una preparación a base de una mezcla de diferentes bebidas en distintas proporciones que suele contener uno o más tipos de alcohol así como otros ingredientes, generalmente licores, frutas, salsas, miel, crema, especias, etc., dando como resultado un original y exquisito trago. También podemos elaborar cócteles sin alcohol.

Pero el origen de la palabra cóctel, del inglés *cocktail*, reúne varias teorías al respecto. Una de ellas afirma que el nombre proviene de la expresión inglesa *cock-tail*, o cola de gallo. La historia se remonta a una taberna de Yorktown llamada «La vieja taberna», donde la dueña inventó un brebaje que bautizó como Bracer y que servía en una botella con forma de gallo. Los clientes de aquella taberna eran soldados franceses dirigidos por el marqués de Lafayette que combatían junto a los insurgentes americanos contra el ejército de Su Majestad. Al regresar a su país, los soldados franceses se llevaron consigo la idea de la bebida mezclada y el nombre de la botella donde la servían, *cocktail*. Sea cual sea el origen de la palabra, los combinados existen desde muy antiguo. El primer cóctel documentado data del siglo XVI, y algunas de las recetas más clásicas se preparan desde finales del siglo XVIII, por ejemplo el popular Old Fashioned que se elabora con bourbon. Lo cierto es que la palabra cóctel es reconocida en todo el mundo como bebidas mezcladas de una u otra forma y siempre con buen tino y mucho éxito. Desde sus orígenes, su popularidad ha sido fluctuante.

Por citar fechas significativas basta mencionar que el rey de los cócteles, el clásico Dry Martini, nace en el año 1910, o que el Mojito se crea en el año 1852 con la fórmula tal y como se conoce hoy pues aunque a muchos les puede parecer un cóctel contemporáneo, tiene una larga historia

Las proporciones en la elaboración del cóctel son muy importantes: se parte de la unidad y su cálculo se incrementa proporcionalmente si se desea disfrutar en compañía. También la técnica de elaboración y la presentación son esenciales: un cóctel entra primero por la vista, y después vendrán el sabor y los matices de su textura.

detrás. Otra fecha destacada es el año 1954, cuando surge la famosa Piña Colada, también con la receta que conocemos hoy, a base de zumo de piña, leche de coco y ron. Tras los años iniciales y el origen etimológico de la palabra cóctel, van surgiendo nuevas mezclas que cuajan en el gusto del gran público, el cual disfruta viendo cómo evoluciona una de las bebidas más sofisticadas y sorprendentes que existen. La sucesión de hechos más o menos fortuitos ha dado en cada momento pie al nacimiento de muchos de los cócteles que se disfrutan en todo el planeta y que hoy ya son considerados auténticos clásicos en lo que a bebidas se refiere.

En cualquier caso, todo ello nos demuestra que, a pesar de su larga historia, el mundo de la coctelería sigue evolucionando con el transcurso del tiempo y demostrando a muchos que, aunque en ocasiones esté algo aletargado, sigue más vivo que nunca.

¿Qué es la coctelería?

LA COCTELERÍA ES A LA VEZ UNA CIENCIA Y UN ARTE. NO SÓLO ES EL ESTUDIO DE LA RELACIÓN ENTRE LAS BEBIDAS, LAS FRUTAS, LAS FLORES, LAS HIERBAS, LOS HELADOS Y CUALQUIER OTRO INGREDIENTE COMESTIBLE QUE PUEDA SER TRANSFORMADO EN LÍQUIDO POR DISTINTAS TÉCNICAS CULINARIAS, SINO QUE TAMBIÉN ABARCA MUCHOS OTROS ELEMENTOS QUE CONFORMAN EL COMBINADO, COMO LA CRISTALERÍA, LA DECORACIÓN Y LOS UTENSILIOS USADOS PARA SU ELABORACIÓN.

Preparar un cóctel adecuadamente no siempre es una tarea fácil porque existe una verdadera infinidad de combinaciones. Pero si realmente se busca el cóctel perfecto, se necesitará cuidar todos los detalles y dichas variables, teniendo en cuenta qué sabores se pueden combinar y cuáles no, así como también cómo y por qué decorarlos de cierta manera. En muchas ocasiones, la imagen que ofrece un cóctel, con su color, su diseño, sus complementos, es tan importante como haber acertado con las proporciones en la mezcla elaborada.

Bebidas de diseño en coctelería

Las bebidas de diseño pertenecen a la amplia categoría de bebidas alcohólicas y cócteles, pero lo que realmente las define no es tanto su contenido alcohólico, sino la innovación, el diseño y marketing asociado, así como su original estilo de presentación. La fruta es uno de los elementos necesarios para la elaboración de estas bebidas, así como de granizados, sorbetes y helados. Por eso, si deseamos combinar la fruta de estación con cócteles divertidos y refrescantes, es importante probar distintas combinaciones, crear e improvisar. Las posibilidades son infinitas, pero seguro que encontraremos las recetas idóneas para cada ocasión.

La variedad cromática que ofrecen muchas bebidas es la base a partir de la cual se crea un cóctel nuevo.

A continuación ofrecemos un listado en el que presentamos los elementos esenciales y los utensilios básicos para disfrutar de un buen cóctel en casa.

Abrelatas. Se utiliza para abrir los envases de las bebidas, los zumos de fruta y la leche condensada.

Batidora. El uso de la batidora para la realización de ciertos cócteles es bastante reciente, pero cada vez resulta más relevante. Suele utilizarse en la mayoría de los nuevos cócteles.

Bebidas para mezclar. Absenta • Amaretto • Angostura • Anís • Brandy • Cachaça • Cava • Cointreau • Crema de coco • Curaçao • Ginebra • Martini • Pisco • Ron blanco, ron tostado y ron añejo • Tequila • Triple sec • Vermut seco y dulce • Vodka • Whisky, whisky escocés y whisky bourbon • Ginger ale • Jarabe de goma • Refresco de cola • Salsa inglesa • Salsa picante • Siropes variados • Soda • Soda de lima-limón • Tónica • Zumo de arándanos • Zumo de lima • Zumo de limón • Zumo de naranja • Zumo de pomelo • Zumo de tomate.

Coctelera. Fundamental para mezclar los ingredientes, es una botella de plata, vidrio o acero inoxidable que se abre por la mitad, y la parte inferior es parecida a un vaso grande. Algunos modelos llevan el colador incorporado, pero en general no son aconsejables porque los pequeños orificios se obturan fácilmente con los residuos de los zumos o la pulpa de la fruta.

Colador. Es de metal plateado y está provisto de una espiral. Sirve para impedir que los cubitos de hielo o los pedacitos de fruta caigan en el vaso cuando se vierte el cóctel. Es muy útil sobre todo si se dispone de una coctelera sin colador incorporado ya que a casi nadie le gusta sentir la pulpa de la fruta. Su uso mejora el aspecto final del cóctel.

Copas. Son muy variadas: el vaso bajo y robusto tipo «old fashioned», la fina copa tipo cóctel o Martini, el vasito de chupito, la copa ancha o tipo balón, la copa flauta o de champán, el vaso de caña, etc. Cada combinado requiere una copa específica para poder disfrutar plenamente de su sabor y de su estética.

Cubitera para hielo. Recipiente de plata, cristal o acero inoxidable; algunos son de plástico isotérmico. Son indispensables las pinzas o la cucharilla dentada para coger los cubitos de hielo porque sin ellas resulta muy difícil trabajar con rapidez y efectividad.

Bebidas alcohólicas

Las bebidas alcohólicas contienen etanol, comúnmente conocido como alcohol etílico. Atendiendo a la elaboración, se puede distinguir entre bebidas producidas por fermentación o por destilación. Las bebidas fermentadas son aquellas que se obtienen después de transformar en alcohol etílico los azúcares que contienen determinadas frutas, raíces o granos de plantas. Mediante este proceso alcanzan un nivel alcohólico que oscila entre los 5 y los 15 grados. Las bebidas alcohólicas fermentadas más conocidas son el vino, la cerveza o la sidra.

Las bebidas alcohólicas destiladas son aquellas que se obtienen a través de un proceso artificial llamado destilación, por el cual a una bebida fermentada se le aumenta la concentración de alcohol etílico. Estas bebidas suelen tener un grado alcohólico de entre 17 y 45 grados y las más conocidas son la ginebra, el whisky o el vodka.

Cucharas medidoras. Son necesarias cucharas y cucharillas de varias medidas para mezclar directamente en el vaso, o para dosificar algunos ingredientes. En cualquier caso jamás deben dejarse en el vaso.

Cucharilla de bar. Se trata de una cucharilla de mango muy largo que sirve para mezclar y dosificar los ingredientes. En general una cucharilla de bar tiene una capacidad de 5 cl. También es muy útil para realizar cócteles como la sangría ya que permite remover de manera más fácil.

Cuchillo. Tiene que estar bien afilado, mejor que sea de sierra y acabado en doble punta.

Mezclador. También se le suele llamar vaso de mezcla. Casi siempre es de vidrio, y algunas veces está graduado. Se usa para las mezclas que no es preciso agitar. También puede usarse para ello la parte inferior de la coctelera en caso de que no se disponga del mezclador.

Mondador. Sirve para preparar la decoración hecha con la cáscara fileteada de la naranja o el limón, evitando cortar también la parte blanca de la fruta.

Ponchera o sopera. Es útil para preparar cócteles cuando hay numerosos invitados, pero también puede sustituirse por garrafas de distintos tamaños. Es muy interesante para cuando se organizan grandes eventos familiares o con los amigos y se les quiere sorprender con una deliciosa sangría.

Sacacorchos. De fácil uso, suele llevar incorporado un cuchillito para cortar las cápsulas de las botellas, y las espirales se encuentran distanciadas y son amplias para que no se rompan los tapones. Es muy interesante pues se puede sorprender a nuestros invitados mostrándoles el ritual de apertura de las botellas.

Vaso medidor. Es un vaso graduado que sirve para dosificar la cantidad de líquido que se ha de mezclar. Se encuentra con facilidad en los establecimientos de artículos para el hogar. Sin embargo, se trata de un utensilio que debe estar escondido, pues un buen barman tiene que saber preparar una mezcla perfecta dosificando «a ojo» los ingredientes.

Y no hay que olvidarse de otros utensilios de menor envergadura pero también muy útiles, como un exprimidor, un rallador, un sacacorchos, etc.

Decoración de cócteles

LA DECORACIÓN ES UN ASPECTO MUY IMPORTANTE PARA PREPARAR UN BUEN CÓCTEL PORQUE LE DA PERSONALIDAD, ESTILO Y ES EL COMPLEMENTO NECESARIO PARA CONVERTIRLO EN EL COMBINADO PERFECTO. POR ESTOS MOTIVOS ES MUY IMPORTANTE LA DECORACIÓN Y SU PRESENTACIÓN. EN ALGUNAS OCASIONES, DICHA DECORACIÓN TIENE PURAMENTE FINES ESTÉTICOS, MEJORA LA APARIENCIA Y LA PRESENTACIÓN DEL CÓCTEL, HACIÉNDOLO MÁS ATRACTIVO Y ESPECIAL, DÁNDOLE PERSONALIDAD Y ESTILO, E INCLUSO PUEDE PROMOVER SU CONSUMO. PERO EN OTRAS OCASIONES TIENE UN FIN PRIMORDIAL QUE ES EL DE DAR AROMA, SABOR Y MEJORAR LA CALIDEZ DE NUESTRA BEBIDA.

Frutas como el limón, la lima, la naranja y el pomelo u otras más tropicales como la piña, la banana y la fresa le dan un toque fresco y veraniego a los cócteles, en algunas ocasiones en cuanto al aroma y el sabor se refiere y en otras tan solo al aspecto. Y no debemos olvidarnos de las hierbas (como la menta, la canela o la vainilla…), los vegetales (como la zanahoria o el apio), otros condimentos (como la sal, el azúcar, la pimienta…) y elementos divertidos (las espaditas de plástico, las sombrillas de papel…).

El recorrido ofrece una gran cantidad de elementos en su amplio abanico de posibilidades y, aunque al principio puede parecer inabarcable, una vez que descubramos cómo se realiza la decoración y algunas cuantas fórmulas básicas, el resto será más fácil y pasaremos momentos divertidos imaginando el resultado final. Sólo se necesita un poco de imaginación, experimentar sin miedo y decidir qué es lo que nos va a dar el mejor resultado final.

En la decoración de un cóctel se puede recurrir a infinidad de variantes: aceitunas de distintos tonos, sombrillitas de papel, hielos de colores, azúcar en el borde de la copa, o la propia forma de esta.

Decoración con frutas

Con limón. Es probablemente la fruta más utilizada para decorar cócteles ya que cumple con varios requisitos: aporta sabor, desprende un agradable aroma y ofrece un aspecto muy particular a una gran cantidad de cócteles. Queda muy bien con bebidas elaboradas a base de vodka, ginebra y ron. El limón se puede utilizar de tres maneras básicas para decorar un cóctel. Primero está la rodaja de limón, que se hace con un corte simple desde un extremo a otro en forma circular que divide una sección transversal del mismo; realizamos un corte desde uno de los extremos de la rodaja hacia el centro, colocamos dicha abertura en el borde del vaso y la incrustamos para que quede firme. En segundo lugar tenemos la llamada cuña: se trata de una porción de limón de una octava parte y en forma de cuña, con la mitad del tamaño del tipo de corte anterior; del mismo modo que antes, la cuña la cortamos desde el centro hacia el extremo central del limón y la colocamos también en el borde del vaso. Habitualmente la cuña se utiliza en combinados que se sirven en vasos pequeños. Por último, está el adorno espiral, que únicamente se hace con la cáscara del limón; con un cuchillo cortamos la cáscara en un único corte, bordeando lentamente el limón y retirando solo la cáscara con su forma característica, lo que deja como resultado una forma retorcida de espiral; colocamos la cáscara dentro del vaso para que la espiral de limón haga lucir al cóctel y quede espectacular.

Con lima. Al igual que el limón, la lima es una de las frutas más utilizadas en el mundo de los cócteles. En la mayoría de los casos, se usa en forma de cuña o rallando su cáscara. Además de utilizarse en cuñas y rodajas para decorar el borde del vaso, también se emplea para impregnar el borde con azúcar, sal o pimienta. Para ello se frota la rodaja de lima alrededor del borde de la copa para aportar humedad y se pasa dicho borde por una base de azúcar, sal o pimienta. La lima se utiliza en tragos populares como el Mojito. Como posee un fuerte aroma cítrico, casa muy bien con bebidas a base de zumo de limón, naranja o pomelo y otros elementos como las gaseosas, la menta y el hielo.

Con frutas del bosque. Finalmente, otros alimentos como los frutos del bosque y fresas generalmente van muy bien con cócteles preparados con alcoholes blancos como la ginebra. También lo podemos usar para bebidas preparadas con vino, como por ejemplo la sangría. Como elemento de decoración, es muy habitual utilizar estos pequeños frutos incrustándolos en un palillo, o colocando algunos en el propio cóctel.

Con cerezas. Las cerezas rara vez se utilizan para modificar o complementar el sabor de un cóctel. En cambio, son muy populares para incrementar la belleza estética del cóctel y para hacerlo más atractivo. Generalmente se utiliza para decorar combinados, como por ejemplo el clásico Manhattan.

Con piña. Es la fruta más característica de los cócteles tropicales o de verano. Se utiliza tanto en rodajas, sin la cáscara y dentro del vaso, como en cuñas grandes para decorar cócteles en vasos largos, con mucho contenido frutal y en copas grandes. Es muy popular para decorar combinados a base de piña colada y margaritas frutales.

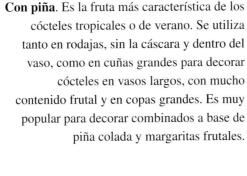

Con naranja. Siendo también un cítrico, la naranja se suele utilizar del mismo modo que el limón pero en cócteles más suaves. Se emplea con frecuencia en combinados dulces y coloridos, con más contenidos frutales y exóticos. Funciona muy bien como sustituto del limón para aquellas personas que lo encuentran excesivamente ácido. Se utiliza en cócteles suaves y mayoritariamente en la decoración con fines estéticos. Es muy usado en bebidas como la sangría.

Otras técnicas para decorar

EXISTEN MUCHÍSIMAS TÉCNICAS PARA DECORAR LOS CÓCTELES Y AQUÍ EXPLICAMOS LAS MÁS USADAS POR LOS BÁRMANES EXPERTOS. LO IMPORTANTE ES RECORDAR QUE EL LÍMITE ES NUESTRA PROPIA IMAGINACIÓN.

Agitadores y palillos. Los palillos o agitadores pueden ser de plástico o de madera. Los primeros pueden usarse varias veces, aunque se corre el riesgo de modificar un poco el sabor del trago. Estos elementos funcionan como complementos especiales para decorar los cócteles, además de cumplir su función básica, que es revolver o sostener frutas decorativas.

Decorar con flores. Este tipo de decoración muy sofisticado consiste en adornar el cóctel con alguna flor vistosa. Debemos tener cuidado a la hora de elegir qué flores usar porque no pueden ser muy grandes y por supuesto no deben estar marchitas. No sólo se pueden emplear flores, sino también hojas de menta como variación.

Escarchar el borde de las copas. Se trata de una técnica básica que se utiliza mucho en coctelería para servir posteriormente algunos cócteles y bebidas refrescantes. Es un proceso muy sencillo para el que debemos poner dos platitos, uno con licor y otro con azúcar. Primero mojamos el borde de la copa en el licor y luego en el azúcar. Lo colocamos en el congelador para que se seque y enfríe. De esta manera, los primeros sorbos serán dulces y con una textura más granulosa. El licor que usemos puede ser pippermint, curaçao o cualquiera de los que lleve el combinado que vamos a preparar. También podemos usar azúcar moreno para darle otro tono distinto al resultado final. Y el mismo procedimiento se realiza para escachar un vaso con sal.

Colorear. Es dar color al cóctel para ofrecer un sorprendente resultado final. Para esto tenemos una serie de licores y jarabes que aporta una textura especial al mismo, puesto que la densidad de los distintos líquidos es diferente. Entre otros colorantes, tenemos granadina o concentrado de cereza, crema de menta verde, jugo de uva, así como los siropes de frutas, como piña, maracuyá, fresa o naranja. Y por supuesto existe una amplia gama de colorantes alimentarios que nos ayudará a conseguir el tono deseado.

Hielo de colores. Esta idea de la coctelería profesional es muy útil a la hora de decorar nuestra bebida y de aportarle un extra de sabor. Por ejemplo, podemos poner unas gotas del color elegido en el agua con el que preparamos los cubitos de hielo. Una vez congelado, tendremos cubitos de colores que podrán realzar el aspecto final de nuestros combinados. El hielo de colores queda perfecto para preparar bebidas de diseño.

EL REY DE LAS FIESTAS

Una de las opciones interesantes, divertidas y originales que podemos ofrecer en cenas, fiestas o celebraciones en las que queramos impresionar a nuestros invitados, es la de preparar algunas bebidas de diseño o cócteles. Cada bebida tiene su momento, su lugar y por supuesto su adecuada compañía.

La creatividad también está en buscar los momentos, las situaciones propicias y las sorpresas. No hay nada mejor que preparar un delicioso combinado para el aperitivo antes de una deliciosa cena, o un chupito que, además de romper el hielo y empezar a levantar el ánimo, sea digestivo y abra el apetito de tus amigos. A continuación, te damos algunas ideas y sugerencias para que triunfes y quedes como el mejor anfitrión delante de todos.

BURBUJAS AZULES

COPA: VASO ALTO · TIEMPO: 5 MINUTOS · DIFICULTAD: BAJA

INGREDIENTES

50 ml de ginebra

Una cucharada de curaçao

Zumo de un limón

Una cucharadita de azúcar

2 rodajas de limón

Cubitos de hielo

Soda

Ramita de menta para decorar

elaboración

Mezclamos en una coctelera la ginebra, el curaçao, el zumo de limón y la cucharada de azúcar junto con dos cubitos de hielo. Agitamos enérgicamente durante unos minutos. Preparamos un vaso alto con unos cubitos de hielo y dos rodajas de limón y vertemos la mezcla hasta un poco menos de la mitad del vaso. El resto lo rellenamos con soda hasta arriba y removemos con una cuchara mezcladora.

curiosidad

Hay algunos cócteles que, generalmente, se beben antes de las comidas y reciben el nombre de aperitivos. La cantidad de bebidas alcohólicas que se utilizan como ingrediente principal para la composición de estos tragos es muy variada. Dentro de los clásicos, se encuentra Tom Collins, en el que está inspirado este.

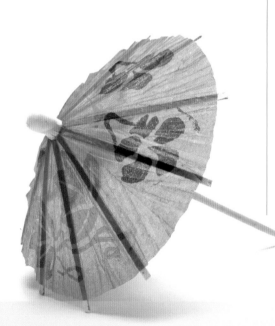

SUGERENCIA

Podemos suprimir la cucharada de curaçao y añadir un chorrito de licor de guindas o de frambuesas. Así obtendremos un combinado igual de refrescante, pero con una pequeña variación de sabor y, por supuesto, de color. Decoramos este cóctel con rodajas de limón enteras, una ramita de menta y una sombrillita de papel.

EL REY DE LOS MOJITOS

COPA: VASO ANCHO · TIEMPO: 4 MINUTOS · DIFICULTAD: BAJA

INGREDIENTES

3 cucharadas de azúcar moreno

2 ramitas de hierbabuena

30 ml de zumo de lima

60 ml de ron blanco

Soda

Hielo picado

Una rodaja de lima

elaboración

Echamos en un vaso grande y ancho el azúcar y la hierbabuena, machacamos con la ayuda de un mortero hasta que se haya mezclado bien. A continuación agregamos un poco de hielo picado, el zumo de lima y el ron, y con una cuchara mezcladora removemos despacio de abajo hacia arriba. Después añadimos la soda e incorporamos más hielo picado sin dejar de remover de abajo hacia arriba.

curiosidad

El Mojito cubano es uno de los cócteles más populares de todo el Caribe. Se suele pensar que fue inventado en el bar cubano «La Bodeguita del Medio» hacia la década de 1930, pero los cubanos ya lo hacían antes de la inauguración del local. Y es que la persona que popularizó a nivel mundial esta bebida fue el escritor Ernest Hemingway, en sus visitas al mencionado bar de La Habana.

SUGERENCIA

Adornamos con un par de hojas de hierbabuena y una rodaja de lima. Es conveniente beberlo con pajita, puesto que tiene mucho hielo y resulta incómodo de beber, así que aprovechamos y le damos un toque divertido con unas pajitas de colores. Lo podemos acompañar con unas verduras chips. Este cóctel es ideal para tomar en las noches de verano entre amigos.

MOJITO FRAPPÉ

COPA: VASO ALTO · TIEMPO: 7 MINUTOS · DIFICULTAD: MEDIA

INGREDIENTES

2 cucharadas de azúcar moreno

Una lima

Hierbabuena

Hielo frappé

15 ml de ron blanco

15 ml de champán

elaboración

En un vaso ancho y alto echamos las dos cucharadas de azúcar moreno junto con una mitad de la lima y unas ramitas de hierbabuena. A continuación, machacamos con la ayuda de un mortero hasta extraer el jugo de la lima y de la hierbabuena. Añadimos hielo frappé y vertemos cuidadosamente el ron mientras removemos con una cuchara mezcladora. Por último, añadimos el champán y removemos de nuevo, esta vez de abajo hacia arriba. El toque final se lo damos con una rodaja de lima y unas hojas de hierbabuena.

curiosidad

Si existiera un rey de los cócteles, sin duda el Mojito estaría entre los aspirantes a llevar la corona. Originario de Cuba, cuenta con millones de seguidores en todo el mundo gracias a su acertada mezcla de lima, hierbabuena y ron. En esta versión del Mojito originario de Cuba se ha prescindido de la soda para recurrir al sofisticado champán.

VARIACIONES

De la receta original surgen algunas variantes que también son muy refrescantes. Se puede cambiar el ron por la ginebra. E incluso se puede añadir una cucharadita de té verde de menta, hojas de menta en vez de hierbabuena y sustituir la media lima por una cucharada de zumo de limón, sin olvidarnos del ron.

BOSSA CAIPIRINHA

COPA: VASO BAJO · TIEMPO: 5 MINUTOS · DIFICULTAD: BAJA

INGREDIENTES
Una lima cortada en trozos ·
2 cucharadas de azúcar moreno ·
50 ml cachaça · Hielo · Angostura

elaboración

Lo primero que hay que hacer es cortar la lima en trozos y ponerlos dentro del vaso.
A continuación machacamos con ayuda de un mortero durante un minuto para sacar
todo su jugo. Luego añadimos las dos cucharadas de azúcar moreno y volvemos a
machacar un poco más. Agregamos el hielo (es importante que no esté picado) y
completamos con los 50 ml de cachaça. Para terminar añadimos unas gotas de
angostura y removemos despacio de abajo hacia arriba con una cucharilla de bar.

curiosidad

La Caipirinha es uno de los cócteles de origen brasileño más famosos que
existen. Al principio surgió como un zumo de frutas que los esclavos
brasileños mezclaban con cachaça, un aguardiente que se obtiene como
producto de la destilación de la caña de azúcar, y que bebían en ciertas
festividades locales. La bebida más popular era la que estaba mezclada con
lima. De ahí derivó al actual cóctel.

SUGERENCIA

Aprovecha a tope las vacaciones y relájate disfrutando de este refrescante combinado
en compañía de tus amigos. Nosotros vamos a darle un toque personal a la decoración
sustituyendo la común rodaja de lima o limón por una ramita de perejil.

CAIPIROSKA VERANIEGA

COPA: VASO BAJO · TIEMPO: 5 MINUTOS · DIFICULTAD: BAJA

INGREDIENTES

Una lima · 2 cucharadas de azúcar moreno ·
Hielo picado · 50 ml de vodka · Soda (opcional)
Hojitas de menta

elaboración

Cortamos la lima en trozos pequeños y la colocamos en un vaso grande junto
con las dos cucharadas de azúcar. Es importante macerar bien la lima con el
azúcar, y así obtendremos mucho mejor su jugo. Machacar con un mortero hasta
que todo esté mezclado. A continuación rellenamos el vaso con hielo picado y
vertemos el vodka. Por último, mezclamos con cuidado con una cuchara
agitadora. Si lo que queremos es un cóctel más suave, podemos rebajarlo con un
poco de soda. Decoramos con hojitas de menta.

curiosidad

La Caipiroska es una variación de la Caipirinha. A mediados de la década de 1980 y
gracias a la promoción de varios fabricantes de vodka se consiguió crear este cóctel e
incluso convertirlo en la copa de referencia en las noches brasileñas entre la clase alta de
Sao Paulo o Río de Janeiro.

SUGERENCIA

Es un cóctel ideal para los días de verano y muy fácil de preparar. Podemos decorarlo con una rodaja de
lima o con unas hojas de menta. Colocamos unas pajitas cortas de colores para que sea más fácil
beberlo. Y para acompañarlo, nada mejor que unos minisándwiches con el relleno que más te guste.

BLUE HAWAIIAN

COPA: VASOS ALTOS · TIEMPO: 6 MINUTOS · DIFICULTAD: MEDIA

INGREDIENTES

Hielo picado y en cubitos

60 ml de ron blanco

60 ml de curaçao azul

60 ml de crema de coco

120 ml de zumo de piña

Una cáscara cortada de limón o naranja

elaboración

Junto con hielo picado, ponemos en la batidora el ron, el curaçao azul, la crema de coco y el zumo de piña. Mezclamos a velocidad máxima durante diez segundos. A continuación vertemos la mezcla en un vaso alto helado. Un truco para que la bebida dure más tiempo fría es meter los vasos una hora antes en el congelador.

variaciones

El curaçao es un licor que se elabora con las cortezas de naranjas amargas. Existen variedades cromáticas por lo que resulta muy útil para preparar cócteles de todos los colores. También podemos utilizar ron añejo en sustitución del blanco, que le aportará un sabor más dulce y con más cuerpo.

SUGERENCIA

Adornamos con una ralladura de limón o de naranja. Si queremos darle un toque más exótico le pondremos un trozo de piña y la clásica sombrillita en el borde. Este cóctel está pensado para ser disfrutado entre amigos, ocasión en la que haremos más cantidad para que todos disfruten de un aperitivo delicioso. Acompañamos con tostadas de paté y grosella.

MARTINI SECO

COPA: TIPO CÓCTEL · TIEMPO: 5 MINUTOS · DIFICULTAD: BAJA

INGREDIENTES

Cubitos de hielo

15 ml de martini seco

70 ml de ginebra

Una peladura de limón

Una aceituna

elaboración

Llenamos un vaso mezclador con unos cubitos de hielo y echamos un chorrito de martini para aromatizar. Removemos enérgicamente y desechamos el líquido. Con hielo dentro del vaso mezclador, echamos la ginebra y removemos. Con la mayor brevedad posible, se exprime el aceite de la peladura de limón dentro de la copa y con ayuda de un gusanillo colador vertemos el cóctel en ella.

curiosidad

Su origen es todo un misterio. Son muchos los que se atribuyen la invención de tan célebre y genial cóctel. Entre ellos un barman llamado Martini di Arma di Taggia, quien trabajaba en un hotel de Nueva York en el año 1911 y crearía un combinado de ginebra, vermú blanco y bitter de naranja.

SUGERENCIA

Este clásico se ha de tomar con una aceituna clavada en un palillo e introducida dentro de la copa. Si queremos darle un toque original, podemos pinchar en el palillo una o dos cebollitas perla en vez de la clásica aceituna. Este cóctel es de sabor fuerte, seco y con un toque ácido, solo apto para aficionados a la ginebra.

COCO LOCO

COPA: 2 VASOS ALTOS · TIEMPO: 4 MINUTOS · DIFICULTAD: BAJA

INGREDIENTES

Cubitos de hielo
45 ml de vodka
45 ml de tequila
45 ml de ron blanco
110 ml de zumo de limón
55 ml de crema de coco

elaboración

Para preparar dos vasos de este delicioso cóctel introducimos en una coctelera cinco o seis cubitos de hielo. A continuación echamos el vodka, el tequila, el ron blanco, el zumo de limón y la crema de coco. Agitamos el vaso mezclador durante unos minutos hasta que notemos que está lo suficientemente frío y se produce escarcha por fuera de la coctelera. Por último, vertemos el preparado junto con hielo picado en los vasos.

curiosidad

El Coco Loco es un cóctel del cual se conoce muy poco. Únicamente se sabe que es de origen caribeño y que obviamente adquiere su nombre del coco, fruta utilizada en su preparación, la cual podemos encontrar en cualquier zona del trópico.

SUGERENCIA

Para darle un toque especial podemos decorar los vasos con un poco de canela por los bordes y espolvorear coco rallado por encima. Una idea mucho más original para consumir un Coco Loco es que sirvamos nuestro cóctel en un coco abierto en lugar de un vaso y acompañemos con daditos de fruta de guayaba escarchada.

PIÑA COLADA REFRESCANTE

COPA: VASO ALTO · TIEMPO: 8 MINUTOS · DIFICULTAD: MEDIA

INGREDIENTES

Hielo frappé

60 ml de ron blanco

60 ml de crema de coco

90 ml de zumo de piña

Piña para decorar

elaboración

En esta variante de la Piña Colada hemos incluido hielo frappé para que sea más refrescante. Añadimos en una coctelera el hielo frappé, el ron blanco, la crema de coco y, por último, el zumo de piña. Agitamos enérgicamente durante uno o dos minutos. Servimos esta bebida en un vaso alto.

curiosidad

La Piña Colada es uno de los combinados caribeños más famosos; de hecho es la bebida tradicional en países como Puerto Rico. La historia más fiable sobre este cóctel cuenta que su inventor fue Ramón Marrero, barman del hotel Caribe Hilton de Puerto Rico en el año 1954. En medio del boom de los combinados tropicales procedentes de la cultura polinesia, los caribeños empezaron a crear mezclas explosivas. Preparados como la Piña Colada, junto con la batidora, supusieron la mayor revolución en la historia de la coctelería.

SUGERENCIA

Aunque decoremos con un trozo de piña, podemos poner la clásica pajita de colores y una sombrilla de papel. Si deseamos darle un toque de color, ponemos una guinda roja junto con un trozo de piña en un palillo y lo colocamos en el borde del vaso.

COPA DE ORO

COPA: 2 TIPO CÓCTEL · TIEMPO: 8 MINUTOS · DIFICULTAD: MEDIA

INGREDIENTES

Medio plátano

Un poco de sirope de granadina

45 ml de vodka

15 ml de Cointreau o triple sec

120 ml de zumo de naranja

15 ml de nata

Una cucharada de azúcar

Cubitos de hielo

Ralladura de chocolate

elaboración

Vertemos en una batidora medio plátano, un chorrito de sirope de granadina, vodka, Cointreau, el zumo de naranja, la nata, una cucharada de azúcar y unos cuantos cubitos de hielo. Batimos a máxima potencia durante unos segundos hasta que veamos que la mezcla esté bien uniforme Por último, vertemos en las copas y adornamos si lo deseamos con chocolate rallado.

curiosidad

La fruta del plátano fue llevada a La Española desde las Islas Canarias en 1516 por el fraile español Tomás de Berlanga. Poco después llegó a México, donde arraigó muy bien. Al propio tiempo, los portugueses cultivaron plátanos en Brasil, donde adquirieron su nombre de bananas, palabra que parece proceder de una lengua que hablaban algunos de los primeros esclavos africanos llegados a tierras brasileñas desde alguna zona del Golfo de Guinea.

SUGERENCIA

Este combinado es perfecto para quitar el apetito a la hora del aperitivo o para disfrutar de una tarde estival. Podemos adornarlo con unas virutas de chocolate o también con una guinda roja. Es ideal para compartir con amigos o con la familia. Para la hora de la merienda lo podemos acompañar con una rica tarta de zanahoria.

MÍTICA MARGARITA

COPA: 2 TIPO CÓCTEL · TIEMPO: 4 MINUTOS · DIFICULTAD: MEDIA

INGREDIENTES

Una lima

Cubitos de hielo

140 ml de tequila

60 ml de triple sec o Cointreau

30 ml de zumo de limón

Sal fina

Lima, fruta escarchada y menta para
  decorar

elaboración

Partimos la lima, extraemos el zumo y reservamos.
En un vaso mezclador echamos tres o cuatro
cubitos de hielo, el tequila, el Cointreau y el zumo
de lima, que hemos apartado en un vaso
previamente. Tapamos la coctelera y la agitamos
con energía durante unos minutos hasta notar que
se hace escarcha por fuera. Por último, servimos la
bebida en las copas ya preparadas: mojamos los
bordes con el zumo de limón y los impregnamos
con la sal fina.

curiosidad

El Margarita es un cóctel que procede de México.
Cuenta la leyenda que Danny Herrera, un conocido
barman mexicano, estaba enamorado de una actriz
estadounidense. El tequila era el único licor que
toleraba la artista, pero detestaba tomarlo puro.
Entonces el barman, en su afán de conquistarla, creó
este exquisito combinado.

SUGERENCIA

Seleccionamos una rodaja de lima, le hacemos un corte con el cuchillo en uno de los lados
hasta el centro y la colocamos en el borde de la copa coronada por fruta escarchada y
hojita de menta. Lo habitual en este cóctel es usar copas anchas y poco profundas.

DULCE EMBRUJO

COPA: 2 TIPO CÓCTEL · TIEMPO: 5 MINUTOS · DIFICULTAD: BAJA

INGREDIENTES

Una rodaja de naranja

Azúcar moreno

45 ml de tequila

22 ml de ron blanco

120 ml de zumo de naranja

Cubitos de hielo

elaboración

Lo primero es pasar la rodaja de naranja por los bordes de las copas. Colocamos el azúcar moreno en un plato y mojamos la copa para escarchar el borde. A continuación ponemos en una coctelera el tequila, el ron, el zumo de naranja y los cubitos de hielo. Agitamos durante uno o dos minutos y colamos en las copas escarchadas previamente. Servimos de inmediato.

curiosidad

Este es un cóctel de sabor fuerte pero agradable inspirado en el famoso combinado Acapulco de Noche. Está hecho de tequila, que es un alcohol destilado del corazón de la planta conocida como mezcal. Así es posible encontrar en gran parte de México distintas variedades de mezcal, de las cuales el tequila es la más famosa de todas.

SUGERENCIA

Podemos prepararlo para la noche de Halloween. Por su tono anaranjado, nuestro cóctel nos recuerda a esta divertida noche. Lo podemos acompañar con un bizcocho de zanahoria y, por supuesto, con un buen surtido de caramelos y dulces.

GREEN DAY

COPA: VASO BAJO Y ANCHO · TIEMPO: 5 MINUTOS · DIFICULTAD: BAJA

INGREDIENTES

Cubitos de hielo

15 ml de ron blanco

15 ml de ginebra

15 ml de vodka

15 ml de Cointreau o triple sec

15 ml de tequila

30 ml de licor de kiwi

15 ml de jarabe de goma

30 ml de refresco de lima

Lima y cereza para decorar

elaboración

En una coctelera con un par de hielos introducimos el ron blanco, la ginebra, el vodka, el Cointreau, el tequila, el licor de kiwi y, por último, el jarabe de goma. Agitamos enérgicamente durante unos minutos. Por otro lado, tendremos preparado un vaso ancho y redondo lleno de hielo. Vertemos la mezcla de la coctelera en el vaso y rellenamos hasta arriba con el refresco de lima. Removemos con una cuchara mezcladora suavemente y de arriba hacia abajo. Decoramos con una rodaja de lima en el borde del vaso y una cereza dentro.

curiosidad

El jarabe de goma reemplaza al azúcar en las preparaciones de coctelería. Los expertos dicen que un buen jarabe de goma no sólo le aporta dulzor al cóctel, sino que le da cierta estructura al cuerpo de la bebida.

SUGERENCIA

Un día que invitemos a nuestros amigos a casa, entre todos podemos preparar un explosivo Green Day que, como contiene varios licores alcohólicos, nos quitará el apetito y así podremos improvisar una cena ligera con lo que tengamos en la nevera, y a disfrutar todos de una noche divertida.

VARIACIONES

Una de las variantes que podemos hacer es sustituir el licor de kiwi por el de melón. De esta manera también conseguimos el color verde brillante tan característico de este combinado. Y si queremos que sea un poco más suave, eliminamos el tequila de la preparación.

CULTO A LA VIDA

COPA: VASO BAJO Y ANCHO · TIEMPO: 3 MINUTOS · DIFICULTAD: BAJA

INGREDIENTES

Una cucharada de azúcar

15 ml de zumo de lima

120 ml de zumo de arándanos

60 ml de ron añejo

Cubitos de hielo

Menta y frambuesas para decorar

elaboración

Lo primero que hacemos es echar en una coctelera el azúcar, el zumo de lima, el zumo de arándanos, el ron añejo y cuatro o cinco cubitos de hielo. Seguidamente agitamos con energía durante unos minutos, hasta que vemos que se hace escarcha por fuera. Y servimos en un vaso ancho y bajo.

variaciones

En un vaso largo, disolvemos el azúcar con el zumo de lima, añadimos hielo, el zumo de arándanos y, finalmente, el ron añejo. Removemos con una cuchara mezcladora y ya está listo para disfrutar de una variante deliciosa. Este cóctel fue ideado por una conocida marca de bebida espirituosas. Su mezcla de zumo y ron con mucho hielo hará que las reuniones con amigos sean todo un éxito.

SUGERENCIA

Lo presentamos con una ramita de hierbabuena y un par de pajitas negras para contrastar su apariencia sencilla. También podemos introducir dentro del vaso un par de frambuesas. Este combinado resulta muy refrescante en las noches calurosas.

DUELO DE SABORES

COPA: 8 VASOS DE CHUPITO · TIEMPO: 6 MINUTOS · DIFICULTAD: MEDIA

INGREDIENTES

60 ml de curaçao azul

60 ml de licor de melón

60 ml de zumo de limón

60 ml de soda de lima limón

Colorante verde alimentario

Fruta de uchuva

Cubitos de hielo

elaboración

Dejamos los vasitos en los que vayamos a servir la bebida en la nevera para que estén bien fríos. Vertemos en la coctelera junto con hielo el curaçao azul, el licor de melón, el zumo de limón y, por último, la soda de lima limón. Agitamos suavemente durante unos instantes. Finalmente, llenamos hasta la mitad de los vasitos con uchuvas y completamos con la bebida.

curiosidad

Las bebidas de diseño hacen gala de su gran originalidad y belleza porque siempre sorprenden a quien las toma por su sabor, belleza y presentación. La base de estos combinados es el diseño y la culminación es el buen sabor. Las burbujas dulces de melón y uchuva son una bebida dulce y de colores atractivos. Posee un fruto con sabor agradable y que puede ser convertido fácilmente en pulpa para elaborar mermeladas, conservas u otros productos.

SUGERENCIA
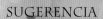

Lo ideal sería presentarlo en vasos un poco más grandes que el tamaño de chupito. Colocamos una pajita y una hojita de menta en cada vaso. Resulta perfecto si queremos sorprender a los invitados con una bebida original y deliciosa. Una buena idea es acompañar con unos dátiles envueltos en bacón.

BLUE MULATA

COPA: VASO BAJO · TIEMPO: 5 MINUTOS · DIFICULTAD: BAJA

INGREDIENTES

75 ml de ron blanco

15 ml de licor de albaricoque

25 ml de curaçao azul

Cubitos de hielo

Soda

Limón

Hierbabuena

elaboración

Vertemos el ron blanco, el licor de albaricoque y el curaçao en una coctelera junto con abundante hielo. Agitamos bien. No la levantamos más arriba del hombro y agitamos con movimientos enérgicos de delante hacia atrás con un poco de vaivén, haciendo pequeñas pausas de un segundo, hasta que notemos el recipiente frío y que el hielo suene sordo. Por último, colamos en un vaso bajo que contenga un par de cubitos de hielo y rellenamos con soda. Decoramos con media rodaja de limón y unas hojitas de hierbabuena.

variaciones

También lo podemos hacer con ron, vodka y limonchello, en vez de licor de albaricoque, y entonces lo llamaríamos Alto Voltaje.

SUGERENCIA

Se bebe tranquilamente, a sorbos finos, para apreciar el toque característico de su sabor. Sugerimos acompañar siempre los combinados con algo de picoteo, en este caso con unas galletas saladas de queso y unas patatas chips.

EXPLOSIÓN DE BURBUJAS

COPA: 8 VASOS DE CHUPITO · TIEMPO: 5 MINUTOS · DIFICULTAD: BAJA

INGREDIENTES

50 ml de vodka

50 ml de ginebra

50 ml de whisky

50 ml de tequila

50 ml de ron

Hielo picado

Un refresco de lima

elaboración

Con esta receta elaboraremos de seis a ocho unidades de combinado. En un vaso mezclador echamos el vodka, la ginebra, el whisky, el tequila y el ron junto con varios cubitos de hielo. Agitamos con fuerza durante unos minutos, hasta que notemos que la coctelera hace escarcha por fuera. A continuación vertemos en vasos de chupito hasta la mitad. Por último rellenamos todos los vasitos con el refresco de lima.

curiosidades

Este es un combinado pensado especialmente para disipar las vergüenzas, entrar en calor rápidamente y perder el conocimiento si abusas de él en exceso. Su nombre es debido a la pequeña explosión que provoca el refresco de lima al beber esta mezcla de un solo trago. Este brebaje espirituoso lo podemos preparar con cualquier refresco que sea transparente, por ejemplo ginger ale o soda.

SUGERENCIA

El truco y la gracia es beber este chupito de manera que la palma de la mano esté cubriendo la parte superior del vaso, haciendo vacío con el interior. Luego sujetamos el vaso con mucho cuidado y, sin soltarlo, damos un pequeño golpe seco con su parte inferior en la mesa.

PISCO SOUR AZUL

COPA: VASO BAJO · TIEMPO: 4 MINUTOS · DIFICULTAD: MEDIA

INGREDIENTES

90 ml de pisco

30 ml de curaçao

30 ml de jugo de limón verde

30 ml de jarabe de goma

Una clara de huevo

Cubitos de hielo

2 gotas de angostura

elaboración

Introducimos todos los ingredientes en la batidora para mezclarlos. Después agregamos la clara de huevo y batimos durante diez segundos. Servimos en un vaso bajo. Esta bebida resulta más atractiva si colocamos dos clases de pisco, uno puro y otro que sea aromático. Las dos gotas de angostura son de ornamento, aunque también se pueden mezclar con todos los ingredientes.

curiosidad

Este popular combinado proviene del Pisco Sour, que es de color blanco, a diferencia del Pisco Sour Azul, que obviamente es de color azul. La historia del Pisco Sour no está exenta de controversia, ya que su creación se la disputan dos países vecinos, Perú y Chile. La denominación proviene de la unión de las palabras Pisco, que es un tipo de aguardiente de uvas, y Sour, que hace referencia a la familia de cócteles que utilizan limón como parte de su receta.

SUGERENCIA

La función de este combinado es la de aperitivo ácido. Si le queremos dar un toque divertido, ponemos una uchuva en el borde del vaso y lo servimos como aperitivo junto con unas olivas aliñadas.

COMBINADO NARANJA

COPA: 6 VASOS BAJOS Y JARRA · TIEMPO: 10 MINUTOS · DIFICULTAD: MEDIA

INGREDIENTES

(Para una jarra)

Medio litro de zumo de naranja

60 ml de vodka

60 ml de ginebra

2-3 cucharadas de azúcar blanco

Medio litro de champán

Cubitos de hielo

Rodajas de naranja

elaboración

En una jarra de litro y medio echamos el zumo de naranja, el vodka, la ginebra y dos o tres cucharadas de azúcar. Removemos con una cuchara de madera hasta que veamos que el azúcar se ha disuelto por completo. Después añadimos el champán y removemos de nuevo muy despacio para que no pierda sus burbujas. Finalmente, terminamos de llenar la jarra con el hielo, tres o cuatro rodajas de naranja y removemos nuevamente antes de servir en los vasos. Dejamos enfriar en la nevera un par de horas antes de consumir.

variaciones

Este combinado también es llamado Agua de Valencia (España). Añadiendo granadina a la mezcla se le llama Copa Roja. Sustituyendo el zumo de naranja por limón, en menor proporción, se le denomina Agua de Murcia. También se le puede poner un chorrito de Cointreau (o triple sec) para potenciar su sabor.

SUGERENCIA

Este delicioso combinado resulta una bebida refrescante y muy sabrosa. Se suele preparar para degustar en grupo, favoreciendo de esta forma una conversación fluida. Decoramos los bordes de los vasos con azúcar y acompañamos con unos deliciosos sándwiches.

CÓCTEL DE CHAMPÁN

COPA: 2 TIPO CÓCTEL · TIEMPO: 3 MINUTOS · DIFICULTAD: BAJA

INGREDIENTES
30 ml de licor de melocotón •
15 ml de bitter campari •
105 ml de champán rosado •
Cerezas

elaboración

Este sugerente cóctel se puede preparar directamente en las copas. Para ello debemos tener todos los ingredientes bien fríos. Primero servimos el licor de melocotón y el bitter campari, y después llenamos con champán hasta arriba. Un truco para que nos dure más tiempo frío es meter las copas en el congelador una hora antes de preparar el combinado. Decoramos con cerezas.

curiosidad

Expertos internacionales han confirmado los efectos saludables del champán y del vino en dosis moderadas. Se ha demostrado científicamente que el champán protege las arterias de la formación de trombos y favorece el flujo sanguíneo. Para reconocer el auténtico champán, además de fijarnos en su etiqueta, deberemos comprobar que sus burbujas son finas y constantes.

SUGERENCIA

Este combinado es perfecto para la hora del aperitivo y siempre en buena compañía. Sorprende a tus amigos con este trago y, a continuación, prepárales un almuerzo a base de frutos del mar. Será una buena combinación y nunca olvidarán este día.

TCHIN-TCHIN

COPA: TIPO CÓCTEL · TIEMPO: 4 MINUTOS · DIFICULTAD: BAJA

INGREDIENTES

15 ml de vermut blanco seco

45 ml de ron blanco

30 ml de zumo de limón

15 ml de zumo de naranja

Un chorrito de granadina

Cubitos de hielo

Una rodaja de lima

elaboración

Introducimos el vermut blanco, el ron, los zumos de limón y de naranja (a ser posible recién exprimidos) y un chorrito de granadina en una coctelera. A continuación echamos unos cubitos de hielo y agitamos con energía durante unos minutos: tenemos que sentir que se hace escarcha por la parte exterior de la coctelera. Colamos y vertemos en una copa de cóctel, previamente enfriada en el congelador.

curiosidad

Este combinado está inspirado en el cóctel President, que fue creado en Cuba en honor del presidente Gerardo Machado. En dicho país fue muy popular entre los años veinte y los cuarenta. Nosotros lo hemos llamado Tchin-Tchin en alusión al sonido que se produce al brindar.

SUGERENCIA

A esta bebida le podemos dar un toque elegante simplemente con una rodaja de lima en el borde de la copa. Lo podemos acompañar con unos bombones de diferentes sabores y unas frutas escarchadas. Está totalmente recomendado si lo que queremos es deslumbrar a nuestros invitados.

COMBINADO,
UNA COPA A SOLAS

Hay momentos en los que la única compañía que deseamos es la de un buen combinado, disfrutándolo lentamente, saboreándolo sin prisas, apreciando los silencios que nos rodean y encontrándonos con nosotros mismos en un ejercicio de paz y armonía. Especialmente pensados para los días de mucho trabajo o de saturación social en los que necesitamos desconectar y despejarnos por un momento del mundanal ruido.

O, por el contrario, para los días de verano en los que nos encontramos animados, con ganas de darle un toque divertido al final del día y al comienzo de lo que será una espectacular noche.

LONG ISLAND ICED TEA

COPA: VASO BAJO Y ANCHO · TIEMPO: 4 MINUTOS · DIFICULTAD: BAJA

INGREDIENTES

15 ml de vodka

15 ml de ginebra

15 ml de tequila

15 ml de ron blanco

15 ml de Cointreau (o triple sec)

El zumo de un limón

75 ml de refresco de cola

Una rodaja de lima

Hielo picado y en cubitos

elaboración

Mezclamos todos los ingredientes, menos el refresco de cola, en la coctelera con hielo picado. A continuación agitamos bien y colamos en un vaso bajo helado lleno de cubitos. Por último rellenamos el vaso con el refresco de cola. Es un cóctel muy simple de preparar y delicioso, pero es fuerte, así que no es recomendable beberlo con el estómago vacío.

curiosidad

Este cóctel fue servido por primera vez al final de la década de 1920 por Robert Rosebud Buttu, un camarero que trabajaba en un local de Long Island, en Nueva York. El nombre se debe a la semejanza que tiene este combinado con el té helado. El Long Island Iced Tea nace de una potente combinación de ingredientes, una generosa cantidad de alcohol y diversas bebidas dulces que esconden una poderosa explosión etílica.

SUGERENCIA

Una variación habitual es sustituir el refresco de cola por otro tipo de bebida carbonatada. También podemos echar una cucharadita de azúcar justo después de exprimir el limón, aunque no es imprescindible debido al dulzor que aporta el refresco de cola.

OLD FASHIONED

COPA: VASO BAJO · TIEMPO: 6 MINUTOS · DIFICULTAD: MEDIA

INGREDIENTES

Un terrón de azúcar

2 gotas de angostura

Un poco de soda

Media rodaja de naranja

Cubitos de hielo

40 ml de whisky bourbon

Una cáscara de naranja

Vainilla en rama

elaboración

Ponemos en el fondo del vaso un terrón de azúcar y lo diluimos con un poco de agua; luego añadimos las dos gotas de angostura y a continuación un chorrito de soda. Con ayuda de un mortero lo mezclamos y con este almíbar pintamos todo el vaso por dentro. Seguidamente añadimos media rodaja de naranja y la apretamos con el mortero para que suelte el jugo. Añadimos dos o tres cubitos de hielo y el bourbon. Y removemos de nuevo un poco.

curiosidad

El dueño de la marca de whisky Old, James E. Pepper, popularizó este cóctel con cierta rapidez. La expresión «old fashioned» (muy usada en el mundo de la coctelería) sirve para designar cualquier licor que esté aromatizado con angostura.

SUGERENCIA

Podemos decorar con una cáscara de naranja. Si se quiere modernizar este clásico, le podemos poner una vaina de vainilla y acompañarlo con unas chips y unos pistachos. Una tarde de lluvia junto con un buen libro son los compañeros ideales para disfrutar de este clásico cóctel.

SORBO DE PODER

COPA: VASO BAJO · TIEMPO: 1 MINUTO · DIFICULTAD: BAJA

INGREDIENTES

45 ml de whisky escocés

15 ml de drambuie

Cubitos de hielo

elaboración

La sencillez de su elaboración es uno de los factores de su popularidad pues está al alcance de cualquier persona que desee prepararlo. Vertemos estos dos ingredientes en un vaso ancho y bajo, y removemos con una cuchara mezcladora. Luego agregamos los cubitos de hielo y ponemos una pajita para poder remover los hielos y que enfríen la bebida.

curiosidad

Este cóctel pertenece a la familia de los cócteles dúos, que son sencillas y simples ejecuciones para conseguir mezclas fantásticas. Es un cóctel a base de whisky escocés, aunque su sabor está relativamente camuflado por el segundo de abordo, el drambuie, un licor de origen escocés a base de whisky, miel, hierbas aromáticas y algunas especias, como por ejemplo el azafrán o la nuez moscada.

SUGERENCIA

Para su decoración podemos utilizar cortezas de cítricos, que son muy refrescantes y además son muy simples de preparar. Este combinado es elegante, rudo y con alma. Lo podemos disfrutar después de un estresante día de trabajo pues es perfecto para desconectar.

DELICIAS DE MELOCOTÓN

COPA: VASO BAJO · TIEMPO: 7 MINUTOS · DIFICULTAD: BAJA

INGREDIENTES

2 mitades de melocotón en conserva

Una cucharada de azúcar

60 ml de ron

30 ml de zumo de limón

Cubitos de hielo

elaboración

Primero introducimos los melocotones junto con el azúcar en la batidora y licuamos hasta que todo se haya mezclado bien. A continuación, agregamos el ron junto con el limón y el hielo. Damos máxima potencia durante unos segundos y por último colamos y servimos en un vaso bajo con dos cubitos de hielo.

curiosidad

Este cóctel goza del privilegio de poder ser preparado con ingredientes muy versátiles, especialmente con frutas, lo que lo hace vistoso y agradable al paladar ya que no es un trago fuerte. Este cóctel de ron lo podemos preparar con cualquier fruta. También podemos sustituir el ron por el vodka. En la versión para los más pequeños, sustituimos el alcohol por zumos en la proporción que deseemos.

SUGERENCIA

No hay nada más rico que disfrutar de este combinado una tarde de verano después de salir del trabajo. Normalmente se decora con una cereza al marrasquino y un trozo de melocotón, pero nosotros vamos a poner un par de pajitas de colores y acompañamos con unas patatas chips.

TODO EN JUEGO

COPA: VASO BAJO Y ANCHO · TIEMPO: 5 MINUTOS · DIFICULTAD: MEDIA

INGREDIENTES

Cubitos de hielo

60 ml de bourbon

15 ml de licor de café

45 ml de café frío

15 ml de Grand Marnier amarillo

elaboración

En una batidora con mucho hielo introducimos todos los ingredientes. Batimos justo el tiempo necesario para que los ingredientes se mezclen pero no se deshaga el hielo. Lo servimos en un vaso «old fashioned», es decir, un vaso ancho y bajo, al que añadimos todo el hielo que hemos utilizado para batir y que no hemos permitido que llegue a deshacerse.

curiosidad

Este cóctel está inspirado en el conocido combinado Black Jack. La historia del juego de cartas que da nombre a este cóctel tiene su origen en los casinos franceses del año 1700. Consiste en obtener 21 puntos mediante la suma de los valores de las cartas. Se le dio el nombre de Black Jack cuando uno de los jugadores recibió como dos primeras cartas la jota y el as, ambas negras. Pero la fama le llegó con la legalización de los casinos de Las Vegas en 1931.

SUGERENCIA

Servir el cóctel rebosando el vaso y con un par de pajitas negras para poder jugar agitando los hielos y escuchar su tintineo cuando chocan entre sí, dándole a nuestro combinado un toque musical. También podemos introducir dentro del vaso unos granos de café para darle un sabor diferente.

TÉ PARADISE

COPA: VASO ANCHO · TIEMPO: 8 MINUTOS · DIFICULTAD: BAJA

INGREDIENTES

100 ml de infusión de té verde

30 g de miel

100 ml de zumo de naranja

100 g de frutas frescas cortadas

Un botellín de ginger ale

Hielo picado

Hierbabuena para decorar

elaboración

Primero hacemos la infusión de té verde y dejamos que se enfríe. A continuación mezclamos todos los ingredientes, excepto el ginger ale, en una batidora y licuamos. Justo en el momento de servir añadimos el hielo picado y servimos en un vaso ancho. Por último, rellenamos con el ginger ale hasta arriba del vaso. Si el resultado es muy fuerte, le podemos agregar un poco de agua.

curiosidad

Etimológicamente, la palabra té proviene del ideograma chino. Su origen se remonta a la mitología que lo acredita al santo budista chino Bodhidharma, quien habría permanecido frente a una pared meditando durante nueve años. Durante sus meditaciones el santo se durmió y al levantarse se encontraba tan disgustado por haberse dormido que se cortó sus párpados para asegurarse que esto no le ocurriera nuevamente. De sus párpados caídos al suelo crecieron plantas cuyas hojas inmersas en agua caliente producían una bebida que combatía el sueño.

SUGERENCIA

Servimos en vaso ancho y bajo con mucho hielo picado y adornamos con unas hojitas de hierbabuena. Si te gusta el té, esta bebida va a pasar a ser uno de tus refrescos favoritos.

TENTACIÓN DE TEQUILA

COPA: 2 VASOS DE CHUPITO · TIEMPO: 1 MINUTO · DIFICULTAD: BAJA

INGREDIENTES

60 ml tequila

Un limón

Sal

elaboración

Quizá sea de los cócteles más fáciles y rápidos de preparar y de los que se beben con mayor facilidad. Primero cortamos el limón en rodajas, las presentamos en un plato pequeño y ponemos sal en otro. A continuación servimos el tequila en los vasos de chupito.

curiosidad

El tequila con sal y limón, más que un trago, es la manera más peculiar y clásica de beber el tequila para aquellos que no están acostumbrados a esta fuerte bebida mexicana. Los mexicanos suelen beber el tequila solo o en cualquiera de sus variantes, de las cuales una de las más conocidas es el Tequila Sunrise; para hacerlo necesitamos 60 ml de zumo de naranja, dos chorritos de granadina y una rodaja de naranja.

SUGERENCIA

La mejor manera de tomarlo es depositando un poco de sal en el dorso de la mano, teniendo cerca una rodaja de limón. Primero se lame la sal de la mano, después se bebe el tequila, a ser posible de un trago, y por último se muerde el limón.

VIENTOS DEL NORTE

COPA: VASO DE CHUPITO · TIEMPO: 3 MINUTOS · DIFICULTAD: BAJA

INGREDIENTES

Hielo picado

Un poco de agua fría

Anís

Un grano de café

elaboración

Escogemos una copa pequeña, o vaso de chupito, echamos el hielo y un chorrito de agua fría. A continuación, se rellena la copa con anís para conseguir que su parte inferior tenga un color más lechoso que la superior.

curiosidad

El anís es una bebida de alta graduación que recibe su nombre del fruto de la planta con la que suele estar hecho. Pero para elaborar este licor no sólo se utiliza anís, sino también badián, hinojo y otros frutos. El anís se ha usado desde hace siglos y es considerado la hierba medicinal más antigua utilizada en todo el mundo. Desde la Antigüedad se sabía que tenía propiedades digestivas contra las flatulencias. Y en la Edad Media ya se hacía confitura de anís. Y en la India mastican sus semillas para combatir el mal aliento. Su sabor recuerda al regaliz dulce con una chispita de picante.

SUGERENCIA

Esta bebida es perfecta para degustar durante una buena y tranquila sobremesa. La podemos preparar con un grano de café dentro del vasito y acompañada de unas pasas y nueces caramelizadas.

CÓCTEL AMERICANO

COPA: VASO BAJO · TIEMPO: 3 MINUTOS · DIFICULTAD: BAJA

INGREDIENTES

Hielo picado

30 ml de vermut dulce

30 ml de campari

Soda

Cáscara de limón

elaboración

Para la elaboración de este cóctel, primero colocamos directamente en un vaso corto hielo picado. A continuación echamos las cantidades indicadas de vermut y de campari. Removemos un poco la mezcla con una cuchara y terminamos de rellenar el resto del vaso con soda o agua gasificada.

curiosidad

Pese a su nombre, el cóctel Americano es italiano y está elaborado con dos bebidas muy características de este país, como es el vermut y el bitter campari. Al principio se le llamó Milano-Torino por el lugar de origen de las bebidas con las que está hecho. Pero los estadounidenses que veraneaban en Italia lo hicieron suyo.

SUGERENCIA

Con un rizo de piel de limón quedaría ideal, aunque también admite poner en su interior una rodaja de naranja para darle mayor sabor. Para acompañar a este cóctel, que es muy apropiado para la hora del aperitivo, podemos servir unas aceitunas. Lo prepararemos para disfrutar de un aperitivo tranquilo antes de una comida.

FUEGO DE DRAGÓN

COPA: TIPO CÓCTEL · TIEMPO: 4 MINUTOS · DIFICULTAD: BAJA

INGREDIENTES

Cubitos de hielo

60 ml de ginebra

30 ml de licor de menta verde

15 ml de Jägermeister

15 ml de zumo de limón

Una guinda

elaboración

Para elaborar este cóctel primero llenamos un vaso mezclador con abundante hielo. A continuación añadimos la ginebra, el licor de menta verde, el Jägermeister y el zumo de limón recién exprimido. Debemos calcular cuidadosamente las cantidades que ponemos para que nuestro combinado quede perfecto. Agitamos enérgicamente durante dos o tres minutos y colamos la mezcla en una copa de cóctel previamente refrigerada.

curiosidad

Este combinado está basado en el conocido Dragón Verde y de él se cuenta que en cierta ocasión dos escritores escoceses llamados Arthur y James recalaron en la localidad donde se supone que habita el famoso monstruo del lago Ness, con la idea de homenajear a un amigo fallecido. Decidieron brindar en su nombre con ginebra, y a cada brindis añadían un ingrediente hasta completar la receta del actual cóctel.

SUGERENCIA

Ponemos en el interior de la copa una guinda roja para que destaque su color y nos atraiga tanto que acabemos dando un mordisco al fruto impregnado de alcohol y nuestra boca se llene con una explosión de sabores.

ALWAYS MANHATTAN

COPA: TIPO CÓCTEL · TIEMPO: 3 MINUTOS · DIFICULTAD: BAJA

INGREDIENTES

Cubitos de hielo

90 ml de whisky

30 ml de vermut dulce

Unas gotas de angostura

Cerezas

Rodaja de naranja

elaboración

En un vaso mezclador echamos cuatro cubitos de hielo, el whisky, el vermut y dos o tres gotas de angostura. Con ayuda de la cuchara mezcladora removemos bien hasta que veamos que todo adquiere un color uniforme. Seguidamente, con ayuda del colador, lo servimos en una copa de cóctel previamente enfriada. Para enfriar la copa basta con ponerle dos o tres cubitos de hielo y retirarlos en el momento de servir el cóctel.

curiosidad

Se cuenta que la bebida se creó en el Manhattan Club de Nueva York a principios del año 1870, cuando la madre de Winston Churchill, en honor del candidato presidencial Samuel J. Tilden, celebró un banquete donde ofreció esta bebida a los invitados, entre los que tuvo un gran éxito. Y en la época dorada de Hollywood el Manhattan apareció en muchos largometrajes.

SUGERENCIA

Decoramos con una cereza y la rodaja de una naranja; también podemos adornar con la piel de una naranja. El Manhattan es un combinado de alta graduación que tiene un sabor fuerte e inconfundible. Conviene disfrutarlo lentamente al comienzo y sobre todo acompañándolo con unas almendras tostadas o unos pistachos con miel.

COSMOPOLITAN

COPA: TIPO CÓCTEL · TIEMPO: 5 MINUTOS · DIFICULTAD: BAJA

INGREDIENTES

Cubitos de hielo • 45 ml de vodka •
30 ml de Cointreau (o triple sec) • 30 ml de zumo de arándanos •
15 ml de zumo de lima • Una rodaja de lima •
Una rodaja de naranja

elaboración

Este popular cóctel es muy sencillo de preparar: llenamos dos tercios
de una coctelera con hielo, y a continuación echamos el vodka, el
Cointreau, el zumo de arándanos y por último el zumo de lima recién
exprimido. Agitamos bien durante un minuto o dos. Servimos en una copa
de tipo cóctel, enfriada previamente con unos cubitos de hielo.

curiosidad

Los orígenes del Cosmopolitan no están muy claros, aunque en lo que todos
coinciden es que fue creado en la década de 1970 en Estados Unidos. Sin embargo,
no fue hasta el estreno de la serie televisiva «Sex on the City» cuando obtuvo una
mayor popularidad. Su protagonista, Carrie Bradshaw, siempre pedía uno cuando
salía con sus amigas. Por lo tanto, este cóctel es uno de los más consumidos y
preferidos por las mujeres a nivel mundial.

SUGERENCIA

Decoramos con dos rodajas, una de lima y otra de naranja. Con esta moderna bebida podemos
ser más atrevidos a la hora del acompañamiento: cualquier tipo de fruta cortada en rodajas muy
finas quedaría ideal y realzaría su sabor.

GIMLET

COPA: TIPO CÓCTEL · TIEMPO: 6 MINUTOS · DIFICULTAD: BAJA

INGREDIENTES

Cubitos de hielo

90 ml de ginebra

30 ml de lima

Rodaja de limón

Guindas para decorar

elaboración

Ponemos en un vaso mezclador siete u ocho cubitos de hielo, junto con un poco de agua y con ayuda de una cucharilla mezcladora lo removemos para enfriar bien la coctelera. Una vez logrado esto, con ayuda de un gusanillo retiramos el exceso de agua que se ha creado y lo dejamos en otro recipiente. Añadimos la ginebra y la lima. Mezclamos bien con la cuchara mezcladora, para enfriarlo un poco, y agitamos durante unos minutos. Vertemos en una copa de cóctel. Por último, decoramos con una rodaja de limón en el borde de la copa.

variaciones

Una de las variantes más conocidas es el Gimlet con vodka; basta con reemplazar la ginebra por vodka. Esta versión se ha hecho más popular en las últimas décadas con la expansión del licor ruso a todos los mercados internacionales.

SUGERENCIA

Este combinado (creado hacia 1928) se sirve siempre en copa de cóctel, que podemos dejar enfriando en el congelador mientras lo elaboramos. Decoramos con un rizo de limón, o bien con una rodaja de lima en el borde de la copa. Ideal como aperitivo, podemos servirlo junto con fruta escarchada.

LUJO ASIÁTICO

COPA: 2 TIPO CÓCTEL · TIEMPO: 5 MINUTOS · DIFICULTAD: MEDIA

INGREDIENTES

40 ml de ginebra

20 ml de licor de cereza

5 ml de Cointreau o triple sec

5 ml de Benedictine

10 ml de granadina

80 ml de zumo de piña

30 ml de zumo de limón

Un chorrito de angostura

Cubitos de hielo

Lichis

Hojitas de menta

elaboración

El zumo de piña lo podemos comprar hecho para no tener que cortar, pelar y batir la piña, que nos va a dar mucho más trabajo y así ahorramos tiempo. Una vez que tengamos todos los ingredientes preparados, los vertemos en una coctelera con hielo y lo agitamos bien. Colamos y servimos en las copas de cóctel. Es importante tomar este combinado bien frío para apreciar todo su sabor.

curiosidad

Este cóctel está basado en el Singapur Sling, inventado por Ngiam Tong Boon en Singapur a comienzos del siglo pasado. Una buena selección de bebidas y sabores se combina en esta bebida, dándole una textura suave y un sabor complejo de describir. Por tanto, el nombre le viene de la ciudad donde se creó, y Sling era el nombre que hace muchos años recibían los combinados amargos.

SUGERENCIA

Este combinado se suele decorar con una rodaja de piña y una cereza pinchadas en un palillo. Pero también le podemos dar toque exótico adornando con la fruta de lichi, que posee una textura parecida a la uva, junto con una hojita de menta.

MARTINI DE CHAMOY

COPA: 2 TIPO CÓCTEL · TIEMPO: 6 MINUTOS · DIFICULTAD: MEDIA

INGREDIENTES

20 ml de chamoy

120 ml de jugo de arándanos

Una cucharada de miel de maíz

60 ml de licor de naranja

60 ml de vodka

Zumo de medio limón

Cubitos de hielo

PARA ESCARCHAR LAS COPAS

Medio limón

Un poco de chile piquín en polvo

Una cucharadita de azúcar

elaboración

Colocamos en una coctelera el chamoy, el jugo de arándanos, la miel de maíz, el licor de naranja, el vodka y el zumo de medio limón junto con seis o siete cubitos de hielo. Agitamos bien durante unos minutos, más o menos hasta que veamos que se crea un poco de escarcha por fuera de la coctelera. Para decorar el borde de las copas vamos a colocar el chile piquín en polvo y el azúcar bien extendidos en un plato. A continuación pasamos el medio limón por el borde de las copas, que también pasaremos por la mezcla del plato girándolas. Por último, colamos y servimos nuestro combinado en las copas de cóctel ya preparadas.

curiosidad

El Martini es un clásico entre los combinados y tiene la virtud de poder elaborarse con una gran variedad de ingredientes y sabores.

SUGERENCIA

Es importante enfriar previamente las copas en el congelador para que el cóctel quede en su punto de temperatura y dure más tiempo frío. Este cóctel tiene un sabor muy peculiar, con un toque mexicano por el chile y otro agridulce por el azúcar que resultan simplemente irresistibles.

ROB ROY

COPA: TIPO CÓCTEL · TIEMPO: 5 MINUTOS · DIFICULTAD: MEDIA

INGREDIENTES

75 ml de whisky escocés

30 ml de vermut rojo

2 gotas de angostura

15 ml de jugo de cerezas marrasquino

Unas gotas de limón

Cubitos de hielo

elaboración

Lo primero será refrescar la copa y la coctelera. Para ello metemos la copa en el congelador un rato antes e introducimos hielo en la coctelera haciéndolo girar con una cucharilla mezcladora. Retiramos el agua sobrante sin dejar caer el hielo, y vertemos el whisky, el vermut, las dos gotas de angostura y el jugo de cerezas. Agitamos suavemente el vaso mezclador durante unos segundos. Por último, colamos y servimos en una copa tipo cóctel. El último paso es salpicar por encima del combinado unas gotas de limón.

curiosidad

Cuentan que esta bebida fue creada por un barman en 1894, con motivo del estreno de la ópera «Rob Roy» en el hotel Waldorf Astoria de Nueva York. Sin embargo, según un libro publicado por el hotel Savoy de Londres en 1930, ya era una bebida tradicional y frecuente entre los escoceses.

SUGERENCIA

Adornamos con una guinda al marrasquino o con una rodaja de limón, dependiendo de si le hemos puesto más vermut rojo o seco. Combina muy bien con unos frutos secos y unas patatas chips. Este clásico puede acompañarnos después de un duro día de trabajo.

SORBITOS EN FAMILIA

Hay muchas ocasiones en las que nos reunimos con la familia, cumpleaños, el día del padre y de la madre, navidades, domingos… Esos días nos reencontramos con parte de nuestros seres queridos para disfrutar y compartir unos sabrosos manjares.

No pueden faltar en el centro de la mesa una refrescante sangría o unos deliciosos combinados que harán adormecer las tensiones entre cuñados, hermanos, suegras o nueras y despertarán las bromas y el sentido del humor, para así disfrutar de un hermoso día en común. También podemos aprovechar y preparar unos ricos combinados sin alcohol que harán las delicias de los más pequeños y de los abstemios.

SORBOS DE NEGRONI

COPA: VASO ANCHO · TIEMPO: 5 MINUTOS · DIFICULTAD: BAJA

INGREDIENTES

60 ml de ginebra

30 ml de Campari

15 ml de vermut rojo

Hielo picado y en cubitos

Una espiral de piel de naranja (opcional)

Lima y hierbabuena para adornar

elaboración

Mezclamos en la coctelera la ginebra, el Campari y el vermut rojo junto con el hielo picado. Agitamos bien durante unos minutos y colamos en un vaso bajo helado lleno de cubitos. Para potenciar el sabor de la ginebra podemos añadir unas gotas de limón.

curiosidad

Basado en el famoso aperitivo denominado Negroni, que se creó en la década de 1920 en Florencia, Italia, cuando el conde Camillo Negroni le dijo a su barman que potenciara el sabor de su bebida favorita, el Americano, añadiéndole ginebra en lugar de soda. Y así nació un cóctel al que el barman le puso el nombre de su cliente más habitual.

SUGERENCIA

Negroni es un cóctel ideal para las fiestas navideñas porque, aparte de abrir el apetito de los invitados (algo esencial teniendo en cuenta la cantidad de comida que se sirve en esos días), es de color rojo y combina a la perfección con los adornos navideños. Podemos darle un toque original introduciendo varias rodajas muy finas de lima y una ramita de hierbabuena. Este cóctel es perfecto para tomar antes de la comida y es muy fácil de preparar.

FIESTA DE SANGRÍA

COPA: VASOS Y JARRA · TIEMPO: 2 HORAS DE MACERACIÓN Y 15 MINUTOS
DE ELABORACIÓN · DIFICULTAD: MEDIA

INGREDIENTES

Frutas variadas: melocotón, pera,
    manzana, naranja y plátano

2 cucharadas soperas de azúcar

Zumo de limón

Zumo de naranja

Un litro de vino tinto joven

Un chorrito de vermut rojo

Un chorrito de brandy

Medio litro de refresco de naranja
    o de limón

Cubitos de hielo

elaboración

Troceamos la fruta en dados y la mezclamos con el
azúcar y los zumos de limón y de naranja. Siempre
debemos preparar la Sangría dos o tres horas
antes, nunca en el momento de servirla. Durante la
maceración es conveniente que la fruta objeto de
maceración no esté en contacto con el aire, para
evitar su oxidación. Luego echamos el vino y, por
último, los licores. Los refrescos se dejan para el
final para que mantengan el gas.

variaciones

La Sangría se consume desde, al menos, la primera
década del siglo XIX en España. Ha habido mucha
polémica sobre si se considera un cóctel o no. La
diferencia respecto a los cócteles es que se prepara en
jarra y no en coctelera y la preparación se hace con
cierta antelación en la cocina y no a la vista. No se
sirve en copa como un cóctel, sino en vaso.

SUGERENCIA

Presentamos la Sangría en una jarra transparente que permita ver la fruta con la que está aderezada. Y
la acompañamos de cubitos de hielo. La jarra debe tener un gollete de esos que permiten que salga la
parte líquida reteniendo la parte sólida. Dentro de la jarra se coloca una paleta larga de palo para que al
revolver el contenido no se dañe la fruta. Adornamos el borde de la jarra con la peladura de una naranja
colocada artísticamente.

VARIACIONES

También se puede hacer con vino blanco, en cuyo caso se llamaría Sangría blanca o también conocida como Clarea. Otra variedad sería con cava (bebida muy parecida al champán), en cuyo caso se denomina Sangría de cava.

JUGO FRESCO DE RON

COPA: VASO BAJO · TIEMPO: 5 MINUTOS · DIFICULTAD: MEDIA

INGREDIENTES

100 ml de agua

50 g de azúcar

200 g de sandía

2 limones

125 ml de ron blanco

Cubitos de hielo

Menta

elaboración

Ponemos a calentar el agua con el azúcar, lo llevamos a ebullición y lo dejamos hervir durante cinco minutos. Apartamos y reservamos hasta que se enfríe. Le quitamos la corteza y las pepitas a la sandía y la cortamos en trocitos. A continuación, partimos los limones por la mitad y los exprimimos evitando que caigan las semillas. En la batidora vertemos el ron, el zumo de limón, el almíbar frío, la sandía troceada y el hielo. Trituramos hasta que el hielo esté troceado. Y por último servimos en un vaso bajo decorado con un trozo de sandía y una hojita de menta.

curiosidad

Hay muchas variedades de sandía; las hay con pulpa amarilla, rosa y roja (estas últimas son las más comunes). En algunos países de África, la sandía es el sustituto ideal para el agua en las temporadas de sequía. Y en Rusia es muy popular consumir un vino que se prepara a base de zumo de sandía.

SUGERENCIA

Si quieres impresionar a tu familia, la mejor manera es preparar esta bebida directamente en la propia sandía. La ponemos en el centro de la mesa, junto con los vasos bajos, y dejamos que cada uno se sirva lo que desee. Acompañamos con unos dátiles envueltos en bacón. Seguro que sorprenderás a todos.

CORAZÓN ROTO

COPA: 6 VASOS DE CHUPITO · TIEMPO: 2 MINUTOS · DIFICULTAD: BAJA

INGREDIENTES

120 ml de absenta

120 ml de licor de granadina

Una granada

Menta

elaboración

Primero dejamos enfriar en el congelador seis vasitos altos de chupitos. Una vez que estén bien fríos, ponemos en el fondo de todos una cama de granada. A continuación, vertemos hasta la mitad del vaso el licor de granadina y, por último, inclinamos un poco los vasitos y llenamos hasta arriba con absenta. Este último ingrediente hay que añadirlo muy despacio para que no se mezclen los licores.

curiosidad

Esta bebida es realmente poderosa, tanto como un corazón que late y te mantiene vivo, o se rompe y sientes que desfalleces. Así son sus dos poderosos componentes. Uno de ellos, la absenta, es una bebida con un sabor muy parecido al licor de anís, que tiene un altísimo contenido de alcohol. Por otro lado, la granada fue considerada antiguamente como símbolo del amor y de la fecundidad.

SUGERENCIA

Decoramos con una hojita de menta para que contrasten los colores. A diferencia de otros combinados, este se puede beber poco a poco saboreándolo, y no de golpe como estamos acostumbrados. Este afamado y polémico elixir merece la pena ser probado, pero no es recomendable beberlo en grandes cantidades ni hacerlo sin algo de comer como acompañamiento.

PASIÓN DEL CARIBE

COPA: 2 VASOS DE CHUPITO · TIEMPO: 5 MINUTOS · DIFICULTAD: MEDIA

INGREDIENTES

30 ml de ron

20 ml de licor de melocotón

15 ml de puré de fruta de la pasión

7,5 ml de jarabe de piña

Cubitos de hielo

Un poco de fruta de la pasión

Una ramita de menta

elaboración

Introducimos el ron, el licor de melocotón, el puré de fruta de la pasión y el jarabe de piña en una coctelera. Agregamos hielo y agitamos con fuerza durante unos segundos. Luego colamos dos veces y lo echamos en los vasos pequeños previamente enfriados.

variaciones

La fruta de la pasión, también conocida como maracuyá, cuenta con muchas variedades. La más conocida es la de color amarillo, de sabor agridulce y con excelentes cualidades aromáticas que la hacen idónea también para su utilización en perfumería. Y la más dulce es la granadilla, con una consistencia espesa semejante a la mermelada. Podemos utilizar cualquiera de sus variedades, así cada cóctel tendrá un sabor y un color únicos.

SUGERENCIA

Este exótico y dulce trago es perfecto para un día particularmente especial, como una celebración familiar. Para una buena presentación, colocamos un poco de fruta de la pasión congelada. También podemos poner una bolita de helado de maracuyá, unas hojas de menta y ya está listo para disfrutarlo.

TERCIOPELO SALVAJE

COPA: VASO BAJO · TIEMPO: 3 MINUTOS · DIFICULTAD: BAJA

INGREDIENTES

Cubitos de hielo

30 ml de vodka

15 ml de crema de leche

15 ml de licor de cacao

Fruta de pitahaya

elaboración

Esta bebida de diseño es muy fácil y rápida de elaborar. Primero echamos en el vaso mezclador abundante hielo, luego vertemos el vodka, la crema de leche y el licor de cacao. Removemos con suavidad durante unos instantes con una cuchara mezcladora y lo colamos en un vaso bajo junto con una rodaja de pitahaya.

curiosidad

El nombre de esta bebida de diseño se le dio por su apariencia de terciopelo. Es como una crema ligera, pero como el cóctel resulta rotundo, se le añadió el término «salvaje». El licor de cacao le da sabor, la crema de leche aporta untuosidad y el vodka otorga robustez. Conviene paladearlo y disfrutar de él a tragos cortos porque así podremos percibir que es delicioso y fuerte a la vez.

SUGERENCIA

Para la decoración de este combinado cortamos una rodaja de pitahaya y la colocamos en el borde del vaso. Otra forma muy usada por las personas golosas es poniendo en la superficie sirope de chocolate. Lo podemos acompañar de una macedonia de frutas recién hecha.

COSQUILLAS DE BURBUJAS

COPA: 2 TIPO CÓCTEL · TIEMPO: 5 MINUTOS · DIFICULTAD: MEDIA

INGREDIENTES

40 ml de crema de Cassis

Hielo picado y en cubitos

130 ml de champán

Una guinda verde

elaboración

Enfriamos el champán en el congelador. También debemos refrigerar la copa, para lo cual metemos cubitos de hielo dentro y rellenamos con un poco de agua. Cuando tengamos bien fría la copa, desechamos el agua junto con el hielo, rellenamos con el hielo picado, vertemos el licor de Cassis y, por último, echamos el champán bien frío hasta completar la copa. Decoramos con una guinda verde en el borde.

variaciones

Hay muchos tipos de cócteles con champán. Todos son muy refrescantes, así que los podemos preparar durante cualquier tarde de calor. Los que están elaborados con frutas frescas son los más demandados, por ejemplo, el cóctel de champán y fresas que se hace con zumo de fresas y unas hojitas de menta, o el cóctel de mandarina en el que se sustituye el zumo de una fruta por otra.

SUGERENCIA

Es importante enfriar previamente la copa y el champán en el congelador porque así el cóctel quedará en su punto de temperatura. Este combinado se suele tomar como aperitivo antes de una comida o cena.

COINTREAU TEESE

COPA: TIPO CÓCTEL · TIEMPO: 3 MINUTOS · DIFICULTAD: BAJA

INGREDIENTES

40 ml de Cointreau (o triple sec)

15 ml de zumo de limón

20 ml de zumo de manzana

15 ml de jarabe de violeta

Cubitos de hielo

Jengibre en polvo

Flor de violeta para decorar

elaboración

En la coctelera introducimos unos cubitos de hielo, el Cointreau, el zumo de limón, el zumo de manzana y el jarabe de violeta. Agitamos bien durante unos minutos y vertemos colado sobre una copa de cóctel helada y ribeteada con un toque de jengibre en polvo. Por último, lo presentamos con una flor de violeta.

curiosidad

El aire sofisticado de este cóctel, creado por la actriz Dita Von Teese para la casa Cointreau, aúna magistralmente la feminidad, el toque retro, un aire cosmopolita y el glamour francés inconfundible que aporta este conocido licor.

SUGERENCIA

Servimos la mezcla en una copa helada de tipo cóctel, filtrando el líquido mediante un colador de metal de red fina. Luego adornamos con una flor de violeta, o en su defecto con unas hojas de menta. Este cóctel es ideal para la tarde y combina perfectamente con un pastelito o una tarta de chocolate.

CIELO AZUL

COPA: TIPO CÓCTEL · TIEMPO: 3 MINUTOS · DIFICULTAD: BAJA

INGREDIENTES

60 ml de vodka · 30 ml de licor triple sec (tipo Cointreau) ·
15 ml de curaçao azul ·
Hielo picado

elaboración

Mezclamos las tres bebidas que componen nuestro fuerte y
explosivo cóctel, vodka, Cointreau y curaçao azul, en una
coctelera o batidora con mucho hielo picado. Una vez que
hemos agitado hasta que la coctelera cambia de color por su
parte exterior, colamos la mezcla en una copa de cóctel helada.

curiosidad

El Cielo Azul no es un cóctel de verano, aunque por su color puede
parecerlo, de la misma forma que puede recordar a los reflejos azules de
las grandes heladas. Lo curioso es que el vodka es el alcohol que
realmente da forma a esta bebida. Diferente de los combinados
dulzones y caribeños que solemos consumir, el Cielo Azul es una de las
bebidas alcohólicas más difundidas internacionalmente.

SUGERENCIA

Como decoración, podemos añadir una peladura de naranja o un rizo de limón. Se recomienda tomar
tranquilamente, a sorbos finos, para apreciar el toque característico que deja su sabor. Es perfecto para
tomar después de una cena o comida familiar.

TENTACIÓN DE FRESA

COPA: 2 TIPO CÓCTEL · TIEMPO: 4 MINUTOS · DIFICULTAD: BAJA

INGREDIENTES

70 ml de vodka

40 ml de ron dorado

15 ml de licor de fresa

15 ml de zumo de lima

Una cucharadita de granadina

Hielo picado

elaboración

Primero mezclamos el vodka, el ron dorado, el licor de fresa y la cucharadita de granadina en una coctelera con hielo picado. Agitamos fuertemente durante unos minutos y esperamos hasta que el hielo se haya derretido completamente y la mezcla esté muy fría pero diluida. Por último, colamos y servimos en las copas de cóctel. Si el color no es lo suficientemente tentador, le aplicamos una gotita de colorante rojo para matizarlo.

variaciones

Si a nuestra bebida de diseño le añadimos una rodaja de lima y otra de naranja, les hacemos un corte hasta la mitad y las ponemos en el borde de un vaso bajo y ancho y lo llenamos de hielo, tendremos el famoso cóctel Belmont Stakes.

SUGERENCIA

Troceamos unas fresas y las pinchamos con un palillo de plástico transparente. Si no tenemos un palillo de diseño, es mejor trocear la fruta y colocarla en el borde de la copa. Es un cóctel ideal para una celebración familiar. Recomendamos acompañarlo con unos bombones rellenos de licor y decorar la mesa con algún detalle de color rojo.

COMBINADO DE COLOR

COPA: TIPO FLAUTA · TIEMPO: 4 MINUTOS · DIFICULTAD: BAJA

INGREDIENTES

Cubitos de hielo

30 ml de vodka

15 ml de canela rossetto

15 ml de licor Parfait Amour

Sirope de fresa

Champán

elaboración

En una coctelera echamos unos cubitos de hielo. A continuación añadimos el vodka, la canela rosseto, el Parfait Amour y un chorrito de sirope de fresa. Agitamos durante unos minutos hasta que notemos que se hace escarcha por fuera de la coctelera. Servimos en la copa hasta la mitad y por último rellenamos con el champán hasta arriba.

variaciones

Con algunas variaciones, podemos convertir este cóctel en un Kirsch Royal: sólo debemos utilizar licor de Cassis. Si usamos otro licor, como Marie Brizzard, el color será más burdeos, pero el sabor resultará similar al de nuestra receta.

SUGERENCIA

Podemos prescindir de adornos y dar la importancia a la copa en la que lo servimos. Ideal para brindar en familia por cualquier acontecimiento sin transcendencia; lo importante es divertirse y crear las ocasiones para ver a los seres queridos. Lo mejor es acompañar con unos bombones.

PRIMAVERA ROSA

COPA: VASO ALTO · TIEMPO: 5 MINUTOS · DIFICULTAD: BAJA

INGREDIENTES

90 ml de zumo de pomelo

90 ml de ginger ale

Una cucharadita de granadina

Una cucharadita de zumo de limón

Cubitos de hielo

Hojitas de menta

elaboración

Llenamos el vaso con bastante hielo. A continuación, echamos el zumo de pomelo, el ginger ale, la cucharadita de granadina y por último el zumo de limón. Con una cuchara mezcladora removemos el vaso hasta que adquiera el tono rosado que lo caracteriza.

variaciones

Si queremos que los más pequeños de la casa también disfruten de esta refrescante bebida, podemos echar al final un poco de sirope de granadina o fresa por encima. Estarán encantados con el sabor dulzón de esta bebida que ofrece un tono intenso, refrescante y atractivo.

SUGERENCIA

Este cóctel lo podemos decorar con una flor que hayamos recogido esa tarde en el parque, o con unas hojas de menta o hierbabuena. También se puede sorprender a todos con una barrita de regaliz negro como acompañante del cóctel.

ROJO ATARDECER

COPA: VASO BAJO · TIEMPO: 3 MINUTOS · DIFICULTAD: BAJA

INGREDIENTES

5 ml de zumo de limón

5 ml de zumo de naranja

5 ml de Lime Cordial

Bitter sin alcohol

Cubitos de hielo

elaboración

Primero exprimimos el limón y la naranja. Una vez que están listos los zumos, los vertemos en el vaso mezclador junto con la Lime Cordial y varios cubitos de hielo, y agitamos durante unos instantes hasta que notemos escarcha por fuera. A continuación, preparamos un vaso con un par de hielos, colamos el preparado y rellenamos con el bitter hasta arriba. Por último, removemos suavemente con una cucharita mezcladora y a disfrutarlo.

curiosidad

Muchos cócteles usan como base bebidas con mucho color y con un sabor muy definido. Este es el caso del bitter, una bebida sin alcohol, de un color rojo intenso y con un pronunciado toque amargo. Uno de los cócteles sin alcohol elaborados con bitter más conocidos es el Bitter Cordial.

SUGERENCIA

Lo más frecuente es decorarlo con cáscara de naranja o de limón, pero también podemos utilizar fresas u otras frutas fáciles de cortar para contrastar con el sabor fuerte y amargo del cóctel. El momento ideal para tomarlo es durante el aperitivo. Lo acompañamos con un platito de zanahorias aliñadas.

ZUMO TRICOLOR

COPA: VASO BAJO · TIEMPO: 5 MINUTOS · DIFICULTAD: BAJA

INGREDIENTES

60 ml zumo de limón

60 ml de refresco de lima

Granada

Hojas de menta

elaboración

Hacemos el zumo de limón y lo dejamos enfriar en la nevera durante un par de horas; es mejor hacerlo así para evitar echar hielo y que nos quede demasiado aguada. Luego vertemos el zumo en una jarra e incorporamos el refresco de lima. Pelamos la granada y reservamos en un plato junto con unas hojas de menta lavadas. Servimos el preparado de la jarra en un vaso bajo, echamos los granos de granada y, por último, unas cuantas hojitas de menta, intentando que la presentación nos quede tricolor.

curiosidad

La granada es originaria de Asia y su historia se remonta a varios siglos antes de Cristo. Fue considerada tradicionalmente como símbolo del amor y de la fecundidad. Durante el otoño es cuando esta llamativa fruta nos ofrece sus granos en toda su plenitud. Es tan atrayente que el refrán dice: «Granada madura, tentación segura».

SUGERENCIA

Esta bebida de diseño es ideal para compartir con la familia en un caluroso día de verano, gracias a la fruta, las hojas de menta y su sabor refrescante. Para acompañar, resultan perfectas unas tostaditas de paté con mermelada de grosella.

FRESCO PARAÍSO

COPA: VASO BAJO · TIEMPO: 2 MINUTOS · DIFICULTAD: BAJA

INGREDIENTES
120 ml de zumo de arándanos • 60 ml de zumo de cereza •
Una cucharada de mermelada de fresa •
Un chorrito de zumo de limón •
Un chorrito de granadina • Cubitos de hielo

elaboración

En una batidora echamos los zumos de arándanos y de cereza, la cucharada de
mermelada, el zumo de limón y el chorrito de granadina. Agregamos seis o siete cubitos
de hielo y le damos a máxima potencia durante un par de segundos, lo justo para picar el
hielo pero que no se deshaga. Por último, servimos en un vaso bajo con cubitos de hielo y
a disfrutar un combinado estilo frappé.

curiosidad

La palabra paraíso procede del griego «paradeisos», usado en la «Septuaginta» para aludir al Jardín
del Edén. Su significado original hace referencia a un jardín extenso y bien arreglado, que se
presenta como un lugar bello y agradable, donde además de árboles y flores se ven animales
enjaulados o en libertad. La imagen del paraíso aparece secularizada en la literatura en el tópico del
«locus amoenus», lugar idílico de encuentro de los amantes.

SUGERENCIA

Esta bebida de diseño es ideal para los cumpleaños de los más pequeños. Para hacerla más
divertida, mojamos el borde antes de servir la bebida en un poco de zumo, y a continuación
impregnaremos en bolitas de colores de caramelo. Y acompañamos la merienda con unos
minibocadillos de crema de cacahuete.

BURBUJAS DE ARÁNDANOS

COPA: VASO MEDIANO · TIEMPO: 5 MINUTOS · DIFICULTAD: BAJA

INGREDIENTES

60 ml de zumo de arándanos • Un chorrito de zumo de limón •
Una cucharadita de azúcar • La piel de una naranja •
Gaseosa • Cubitos de hielo •
Rodaja de lima para decorar

elaboración

Vertemos los zumos en una coctelera. Echamos
una cucharadita de azúcar, hielo y la piel de
una naranja. Agitamos enérgicamente durante
unos instantes y colamos para servir en un vaso
pequeño hasta la mitad. Por último, rellenamos
con gaseosa hasta arriba e introducimos una
rodaja de lima. Este cóctel se elabora en
coctelera, aunque si queremos prepararlo para
brindar entre amigos o en familia, podemos
hacerlo directamente en una jarra triplicando las
cantidades.

curiosidad

Este cóctel se ideó especialmente para brindar en
familia, puesto que hasta los más pequeños lo
pueden disfrutar. Pero si queremos podemos añadir
un poco de champán para festejar en celebraciones
importantes o en fiestas navideñas.

VARIACIONES

Una de las variantes es hacer este mismo combinado pero con alcohol. Añadimos todos los ingredientes, sustituyendo la piel de naranja por una parte de Cointreau (o triple sec). Una vez que tengamos la mezcla, en vez de vaso pequeño utilizamos una copa de flauta y la llenamos hasta la mitad. Por último, la rellenamos con champán bien frío (como ya hemos explicado).

CÓCTEL DE FRUTAS

COPA: VASO MEDIANO · TIEMPO: 8 MINUTOS · DIFICULTAD: BAJA

INGREDIENTES
2 rodajas de piña • Un kiwi • Medio plátano •
Medio mango • 200 ml de pulpa de maracuyá •
100 ml de zumo de naranja •
2 cucharadas de miel •
Cubitos de hielo

elaboración

Primero pelamos y troceamos la fruta. A continuación, vertemos todos los
ingredientes en una batidora con parte del hielo y le damos máxima
potencia hasta que adquiera una apariencia cremosa y sin grumos.
Servimos con algo de hielo picado y decoramos con la fruta sobrante.
Este combinado es muy útil para dar salida a la fruta que ya no nos
apetece comer porque se ha quedado demasiado madura.

variaciones

Son infinitas las variaciones que podemos hacer de cócteles frutales. Si queremos
uno más refrescante y sabroso para la época estival, mezclamos sandía, zumo de
arándanos, grosella y lima junto con abundante hielo. O si lo deseamos con más
textura, añadimos la miel.

SUGERENCIA

Adornamos con frutas que contrasten con el color de nuestra bebida, por ejemplo
media fresa o granos de granada. Podemos preparar unos miniperritos calientes
como acompañamiento.

SAN FRANCISCO

COPA: 2 TIPO CÓCTEL · TIEMPO: 7 MINUTOS · DIFICULTAD: MEDIA

INGREDIENTES

25 ml zumo de limón natural

Cubitos de hielo

75 ml zumo de naranja natural

50 ml zumo de piña

25 ml de zumo de melocotón

Un chorrito de jarabe de granadina

Soda

Rodajas de limón, de lima y de naranja

elaboración

Exprimimos el limón dentro de una coctelera junto con varios cubitos de hielo; hacemos lo mismo con la naranja. Luego vertemos el zumo de piña y el de melocotón. Añadimos un chorrito de jarabe de granadina (lo que creamos necesario para lograr un color naranja-rojizo). Agitamos durante unos segundos. Echamos el contenido en una copa de cóctel y rellenamos con soda. Por último, adornamos con una rodaja de limón, una de lima o una de naranja.

variaciones

Admite zumos de muy diversas frutas. Por ejemplo, ló podemos hacer con zumo de fresa en sustitución de otro. También se puede preparar con alcohol, para lo cual utilizaremos vermut dulce, vermut seco, ginebra y zumo de naranja.

SUGERENCIA

Al tener mucho zumo, es un combinado muy suave, natural, fresco y nutritivo. Es perfecto para beber en familia, con amigos, o para ofrecerlo a los adolescentes en alguna fiesta. También es ideal como bebida durante una barbacoa al aire libre. Además de las rodajas de futa, se puede decorar con una guinda roja.

PROVOCANDO PASIONES

PASAN LOS DÍAS Y SIN DARTE CUENTA VIVES RÁPIDO LA RUTINA QUE ACOMPAÑA TU VIDA. DE VEZ EN CUANDO ERES CONSCIENTE DE QUE TODAVÍA NO HAS CELEBRADO QUE A TU PAREJA LE HABÍAN ASCENDIDO O QUE SIMPLEMENTE ESTE AÑO SE OS PASÓ FESTEJAR EL ANIVERSARIO. ENTONCES ES EL MOMENTO DE QUE PASES PÁGINA Y ELIJAS UNO DE ESTOS MARAVILLOSOS CÓCTELES QUE TE SERVIRÁN PARA ROMPER ESA DINÁMICA Y SORPRENDER A TU PAREJA EN UNA NOCHE ESPECIAL.

Y LOS TÍMIDOS QUE POR FIN SE ATREVEN A INVITAR A CENAR A ESA PERSONA TAN IMPORTANTE PARA ELLOS TAMBIÉN OBTENDRÁN IDEAS DE SUGERENTES COMBINADOS PERFECTOS PARA QUE ESA PRIMERA CITA SEA INOLVIDABLE. SÓLO HAY QUE CONOCER A FONDO SUS GUSTOS Y ELEGIR EL CÓCTEL IDEAL PARA QUE SE ENCIENDA LA DESEADA CHISPA DE LA PASIÓN…

la sal con unas gotitas de colorante violeta alimentario y así jugamos con las tonalidades de nuestro cóctel. Este combinado resulta perfecto acompañado con unos pistachos o frutos secos.

OH LA LÁ

INGREDIENTES

80 ml de zumo variado de cereza,
   fresa y mora
80 ml de whisky
40 ml de vodka
Un chorrito de angostura
Unas gotas de jarabe de goma
Hielo

elaboración

Primero cortamos las piezas de fruta y las echamos en la batidora para hacer un zumo con ellas. En una coctelera con hielo mezclamos el zumo, el whisky, el vodka, la angostura y por último dos o tres gotas de jarabe de goma. Agitamos enérgicamente hasta que veamos que la coctelera hace escarcha por fuera. Finalmente servimos en las copas tipo cóctel.

variaciones

Podemos utilizar otras muchas frutas y jugar con la variedad de colores y sabores del resultado. También podemos hacerlo sin alcohol para los que lo quieran disfrutar así. Para ello elegimos las frutas que deseemos y cambiamos los alcoholes por licores sin alcohol.

SUGERENCIA

Azucaramos el borde de la copa antes de servir la bebida para darle un toque más dulce (aunque el jarabe de goma es un almíbar de azúcar). Hacerlo es muy sencillo: para ello impregnamos el borde de la copa con licor de fresa y a continuación lo mojamos en un plato con azúcar. Por último, decoramos con una guinda en el borde y ya está listo para disfrutar.

INGREDIENTES

40 ml de ron tostado

10 ml de puré de mango

10 ml de puré de kiwano

20 ml de zumo de limón

5 ml de licor de menta

Cubitos de hielo

Una bola de helado de maracuyá

Menta

elaboración

Vertemos el ron tostado, el puré de mango, el puré de kiwano, el zumo de limón, el licor de menta y cinco cubitos de hielo en la batidora. Batimos durante unos segundos a máxima velocidad hasta que veamos que adquiere una consistencia homogénea. Colamos y servimos en una copa de cóctel. Por último, ponemos una bola de helado de maracuyá por encima del combinado y adornamos con una hojita de menta.

curiosidad

El kiwano es una fruta procedente de África. También es conocida como melón africano o pepino cornudo, entre otros nombres. Tiene forma ovalada, piel gruesa de color amarillo con protuberancias espinosas, y pulpa gelatinosa que alberga múltiples pepitas. Aporta un sabor muy particular ya que recuerda al pepino, al limón, al kiwi y al plátano, todos juntos. Combina muy bien con sabores dulces y agrios, resultando una fruta refrescante al paladar.

SUGERENCIA

Decoramos con una bola de helado de maracuyá, pero si no tenemos, pondremos cualquier otro helado de fruta. Lo servimos con dos pajitas negras para beber y facilitamos una cucharilla para comer el helado. Acompañado de una sabrosa tarta de zanahoria, será una combinación irresistible.

PÍCARO DIABLO

COPA: VASO DE CHUPITO · TIEMPO: 5 MINUTOS · DIFICULTAD: MEDIA

INGREDIENTES

Una parte de whisky

Una parte de ron blanco

Una parte de Cointreau (o triple sec)

Una parte de granadina

elaboración

Dividiremos el vaso de chupito en cuatro partes. Primero echaremos una parte de whisky, luego de ron, de Cointreau y por último de granadina, repartidas en partes proporcionales. A continuación flambeamos la mezcla, con mucho cuidado para no quemarnos. Y, por último, sólo queda disfrutarlo.

curiosidad

Esta bebida lleva el nombre de Pícaro Diablo porque evoca al infierno. Cuando lo flambeamos, podemos observar esos tonos rojos y azules que despide la llama dejándonos cautivados por unos instantes. Durante el flambeado emana un aroma que te embruja y sientes unas poderosas ganas de probarlo. Una variación del Pícaro Diablo es agregar ginebra, whisky, tequila, ron, luego la granadina y, por último, el vodka prendiéndole fuego. Y hay que beberlo lo más rápido que se pueda.

SUGERENCIA

A la hora de presentarlo podemos prescindir de adornos porque la forma de servirlo y flambearlo delante de nuestra pareja ya es su presentación. Este combinado es el compañero ideal para las noches frías. Cada copa es única y se prepara delante de la persona que la va a consumir.

MOCKINGBIRD TEQUILA

COPA: 2 VASOS DE CHUPITO · TIEMPO: 3 MINUTOS · DIFICULTAD: BAJA

INGREDIENTES

60 ml de tequila blanco

30 ml de crema de menta

30 ml de zumo de limón

Hielo

Unas gotas de curaçao

Guindas rojas

elaboración

Primero vamos a verter en una coctelera el tequila, la crema de menta y el zumo de limón junto con hielo. Agitamos enérgicamente hasta que veamos que se condensa agua en el exterior del vaso de la coctelera. Colamos y servimos en vasos de chupitos. Por último, añadimos unas gotitas de curaçao y decoramos con una guinda roja.

curiosidad

El espíritu del tequila radica en el agave. De 200 variedades que existen en México, el tequila solo puede elaborarse a partir de una de ellas, la tequiliana weber azul. Esta condición está contemplada en los estatutos de la Denominación de Origen Tequila, que además de establecer las condiciones de cultivo, la elaboración y etiquetado del tequila, delimita las zonas autorizadas para cultivar agave y que están protegidas desde 1974.

SUGERENCIA

Aunque está presentado en vaso de chupito, lo podemos beber con tranquilidad, saboreándolo y disfrutando de sus embriagadores efectos. Es perfecto para romper el hielo en una primera cita, acompañado de buena música y velas por toda la habitación.

DAIQUIRI DE FRESA

COPA: TIPO CÓCTEL · TIEMPO: 5 MINUTOS · DIFICULTAD: BAJA

INGREDIENTES

30 g de fresas

4 cucharadas de azúcar

10 ml de zumo de limón

10 ml de jarabe de goma

60 ml de ron blanco

Hielo picado

elaboración

Primero echamos en una batidora las fresas lavadas y sin rabito, el azúcar, el zumo de limón, el jarabe de goma y el ron blanco junto con cinco o seis cubitos de hielo. Licuamos durante unos segundos a máxima velocidad hasta que veamos que el hielo esté bien triturado. Por último, colamos y servimos la mezcla en una copa tipo cóctel.

curiosidad

El Daiquiri es tradicionalmente un cóctel de origen cubano, inventado por un minero americano para entretener a sus invitados. Sin embargo, esta refrescante bebida no se popularizó hasta que se introdujo en el selecto Club del Ejército de Washington, llegando incluso a ser una de las bebidas favoritas del escritor Ernest Hemingway.

SUGERENCIA

Decoramos con media fresa colocada en el borde de la copa y un par de pajitas de colores y lo acompañamos con unas verduras chips como aperitivo antes de degustar una sabrosa cena mexicana. Sin duda alguna, una de las mejores maneras de terminar la semana es preparándonos un refrescante y delicioso Daiquiri de Fresa.

PRIMAVERA SENSUAL

COPA: 2 TIPO CÓCTEL · TIEMPO: 4 MINUTOS · DIFICULTAD: BAJA

INGREDIENTES
20 ml de crema doble • 60 ml de ginebra •
10 ml de zumo de limón •
10 ml de granadina •
Hielo

elaboración

Con cierta anticipación batimos la crema doble y reservamos. Colocamos hielo en la coctelera y en la copa. Dejamos enfriar la copa. Mientras, agregamos la ginebra, el zumo de limón, la granadina y la crema en la coctelera. Agitamos bien durante unos instantes. Si al agitar ha desaparecido todo el hielo, entonces añadimos un poco más de hielo picado en la copa de cóctel antes de servir el combinado. Si al batir todavía queda hielo picado, entonces servimos la preparación directamente en la copa.

curiosidad

En noches románticas, podemos adornar con pétalos de flores por encima de la copa y decorar la habitación con unas velas aromáticas. Y por supuesto acompañar con unos bombones rellenos de licor.

VARIACIONES

Este combinado lo podemos convertir fácilmente en uno sin alcohol obviando la ginebra y sustituyéndola por un poco de soda. Así también podrán disfrutarlo los abstemios.

SCARLETT O´HARA

COPA: 2 TIPO CÓCTEL · TIEMPO: 3 MINUTOS · DIFICULTAD: BAJA

INGREDIENTES

Cubitos de hielo

60 ml de whisky bourbon

60 ml de zumo de arándanos

30 ml de zumo de lima

Una lima

Azúcar moreno y cerezas para decorar

elaboración

En una coctelera llena de hielo vertemos el whisky bourbon, el zumo de arándanos y el zumo de lima. Agitamos durante unos minutos, tenemos que notar que se hace escarcha por fuera del vaso y que el sonido de los hielos se hace más sordo. Finalmente servimos en una copa de cóctel, adornamos con una sencilla ralladura de lima y lo disfrutamos saboreándolo muy despacio.

curiosidad

El bourbon está unido la película «Lo que el viento se llevó». El bourbon es una distinción del whisky, aunque no todos los whiskies son bourbon. Su característica más acentuada es ser ligeramente aromático y de sabor acaramelado. El cóctel Scarlett O'Hara es tan elegante como su propio nombre indica. Bourbon simplemente mezclado con zumo de arándanos y un toque de lima nos da como resultado una auténtica joya del Sur de Estados Unidos.

SUGERENCIA

Este combinado lo podemos servir en copa tipo cóctel o una copa de champán. Para decorarlo podemos escarchar el borde de la copa con azúcar moreno y servir con dos pajitas. También le podemos poner una cereza dentro del cóctel. Acompañamos con unas cerezas rellenas de licor y recomendamos beberlo despacio saboreando su dulzura.

ZOMBIE

COPA: VASO ALTO · TIEMPO: 6 MINUTOS · DIFICULTAD: MEDIA

INGREDIENTES

15 ml de ron blanco

15 ml de ron dorado

15 ml de ron oscuro

15 ml de brandy

15 ml de zumo de piña

15 ml de zumo de mango

15 ml de zumo de maracuyá

Cubitos de hielo

Un golpe de sirope de granadina

Guindas, lima y apio para decorar

elaboración

Mezclamos el ron blanco, el ron dorado, el ron oscuro, el brandy y los zumos en una coctelera junto con hielo. Agitamos bien durante unos minutos hasta que veamos que se hace escarcha por fuera de la coctelera. Colamos y servimos en una copa alta y ancha. Por último, le echamos un golpe de sirope de granadina y decoramos con una guinda o rodaja de limón.

curiosidad

Recibió el nombre de Zombie al ver los efectos secundarios que produce tras beber un par de copas. Su primera aparición fue a finales de 1930, inventado por Donn Beach, en el Hollywood's Don the Beachcomber. Este barman era muy cuidadoso con las recetas de sus cócteles originales y daba a sus camareros información codificada de la elaboración de sus combinados para mantener su secreto a salvo.

SUGERENCIA

Podemos jugar con varios elementos decorativos para obtener un combinado muy explosivo. Haremos un rizo de cáscara de lima y lo pinchamos en un palillo; cortamos un par de rodajas de lima y las introducimos dentro de la copa y, por último, colocamos una ramita de apio saliendo del cóctel. Acompañado de un aperitivo salado, resulta perfecto para una noche muy especial con nuestra pareja.

CHISPAS DE AMOR

COPA: TIPO FLAUTA · TIEMPO: 2 MINUTOS · DIFICULTAD: BAJA

INGREDIENTES

Un terrón de azúcar

Angostura

Un chorrito de brandy

Champán

Una fresa

elaboración

Ponemos en el fondo de la copa de champán un terrón de azúcar o, en su defecto, media cucharadita de azúcar. Luego agregamos dos o tres gotas de amargo de angostura y seguidamente añadimos el chorrito de brandy. Terminamos de llenar la copa con champán. El brandy puede ser sustituido por coñac.

curiosidad

Se dice que Pierre Pérignon, monje francés del siglo XVII, gracias a un error en la fermentación del vino, descubrió el champán. La verdad es que tras este descubrimiento no queda claro que Pierre Pérignon, al ver las burbujas y probar el vino resultante, exclamara la famosa frase: «¡Venid pronto, estoy bebiendo las estrellas!».

SUGERENCIA

Decoramos con una fresa entera en el interior de la copa y, si queremos darle un toque más refrescante, ponemos un rizo de corteza de limón en el borde. Es uno de los cócteles más clásicos que se conocen, una combinación elegante, deliciosa y a la vez sencilla.

PASIÓN PICANTE

COPA: 2 TIPO CÓCTEL · TIEMPO: 3 MINUTOS · DIFICULTAD: BAJA

INGREDIENTES

Zumo de limón

Sal y pimienta

Cubitos de hielo

45 ml de vodka

4 toques de salsa inglesa

2 toques de salsa picante tipo tabasco

120 ml de clamato

Lima para decorar

elaboración

Mojamos el borde de las copas con el zumo de limón y escarchamos con una mezcla de sal y pimienta a partes iguales. A continuación añadimos tres o cuatro cubitos de hielo y echamos el vodka. Sazonamos con una pizca de sal y otra de pimienta, luego agregamos cuatro toques de salsa inglesa y dos de tabasco. Por último, completamos con el clamato hasta llenar el vaso y removemos bien con una cuchara mezcladora.

variaciones

También lo podemos preparar en un vaso largo y ancho lleno de cubitos de hielo. Y si lo que queremos son sabores fuertes y explosivos, mezclaremos tabasco con un poquito de tequila y lo añadimos a nuestra bomba de pasión.

SUGERENCIA

Claramente el adorno de este cóctel es una ramita de apio, pero podemos poner también un rizo de lima o una ramita de perejil. Esta bebida es perfecta para las fiestas navideñas. Sorprende a tu pareja con este cóctel y unas galletitas saladas mientras esperáis la cena.

Índice de americanismos

Aceite. Óleo.

Aceituna. Oliva.

Albaricoque. Damasco, albarcorque, chabacano.

Almíbar. Jarabe de azúcar, agua dulce, sirope, miel de abeja.

Apio. Apio España, celemí, arracachá, esmirnio, panul, perejil, macedonio.

Azúcar glas. Azúcar glacé.

Bacón. Tocino ahumado

Bizcocho. Biscocho, galleta, cauca.

Cacahuete. Maní.

Cereza. Capulín, capulí.

Chocolate. Cacao, soconusco.

Frambuesa. Mora.

Fresa. Frutilla.

Gelatina. Jaletina, granetina

Hierbabuena. Hierbasana, hierbamenta, huacatay.

Limón. Acitrón, bizuaga.

Manzana. Pero, perón.

Melocotón. Durazno.

Mora. Nato.

Nata líquida. Crema de leche sin batir.

Nuez. Coca.

Pasas. Uva pasa, uva.

Pasas de Corinto. Uva sin carozo, uva pasa.

Pastel. Budin.

Pimienta. Pebre.

Piña. Ananás, abcaxí.

Plátano. Banana, banano, cambur, pacoba.

Pomelo. Toronja, pamplemusa.

Tomate. Jitomate.

Zanahoria. Azanoria.

Zumo. Jugo.

Términos usuales

Adornar. Representa la inventiva y la elegancia, todo fusionado, para satisfacer la visión de un resultado final. Puede ser el cóctel más sencillo en cuanto a preparación se refiere, pero si va adornado con encanto y distinción, será el más atractivo y tal vez el más deseado. Algunos elementos decorativos son frutas, flores, hojas, hielo seco, frutas cristalizadas en conserva. Un complemento a la decoración son las hierbas aromáticas y las esencias de olor y sabor.

Agitar. Se hace en una coctelera en la que se colocan los ingredientes indicados para el cóctel. Se agrega siempre hielo. Se tapa a presión y se agita fuertemente hasta que el contenido tome la temperatura adecuada. Se sirve en el vaso o copa apropiados.

Almíbar. Jarabe realizado con agua y azúcar. Por evaporación el agua desaparece y el almíbar se va concentrando. Por extensión se llama almíbar al jugo de algunas frutas.

Bebida sin alcohol. Bebida elaborada a partir de zumos de frutas, limonada, ponches o infusiones.

Blonda. Posavasos de papel sobre el que el protocolo exige que se sirvan los cócteles.

Coctelera. Recipiente que sirve para mezclar bebidas con densidad, como los zumos. La coctelera europea consta de tres cuerpos, el vaso, el cubrevaso con colador y el tapón. La americana tiene dos partes, una de metal y otra de cristal.

Colorear. Este término se utiliza cuando se da color al cóctel, que es definitivo en su preparación final. Para esto tenemos una serie de licores y jarabes que dan una textura especial al mismo, puesto que la densidad de los distintos líquidos es diferente. Esto nos hace recordar que muchos cócteles deben guardar un orden al mezclar los ingredientes. Entre otros colorantes, tenemos granadina o concentrado de cereza, crema de menta verde, jugo de uva, así como los jarabes o siropes de frutas, como piña, maracuyá, guayaba, banano, y los diferentes tintes.

Copa balón. Debe llenarse a medias para poder saborear bien las bebidas. Su forma permite servir los combinados frescos con cubitos de hielo.

Copa de cóctel. Con forma de cono invertido, esta copa se emplea para las mezclas que no llevan hielo, ya que no tiene mucha capacidad.

Escarchar. Es adornar, con elementos de tipo granulados, el borde de una copa o vaso. Los más usados son la sal y el azúcar, poniéndolos boca abajo sobre una superficie plana. Cabe destacar que como los granulados habituales son de color blanco, se pueden mezclar con colorantes alimentarios, lo que le dará un matiz excelente a la presentación del cóctel. Para escarchar, se deben colocar los gránulos sobre una superficie plana y humedecer el borde de la copa con limón; después, poner la copa sobre los gránulos e impregnar el borde con ellos.

Flambeado. Tragos que en su preparación se prende fuego.

Frappé. Hielo picado a punto de nieve, bien a mano o con batidora, que se emplea para enfriar.

Golpe. Medida que equivale a un pequeño chorro que se añade en un cóctel desde una botella con dosificador.

Licuar. En la batidora o licuadora se incluyen los ingredientes requeridos, siempre agregando hielo.

Long drink. También llamado trago largo. Supera los 150 ml.

Mezclar. Se realiza en una copa o vaso largo, usando un mezclador o cuchara larga, típico de coctelería. Siempre se agrega hielo para enfriar, que se debe colar en el momento de servir si así lo requiere el combinado.

Mixología. Ciencia que recoge el conocimiento de mezclar ingredientes y el arte de combinarlos correctamente.

Piedra. Hielo en forma de cubito.

Short drink. También llamado trago corto. Cuenta con entre 50 y 150 mililitros, aproximadamente.

Smoothie. Mezcla de consistencia densa que incorpora frutas frescas naturales a la que se añaden otras bebidas como agua, leche o yogur natural.

Top up. Hace referencia al acto de añadir el líquido final sobre un cóctel, que suele ser un refresco de burbujas.

Vaso de tubo. Es alargado, alto y estrecho, por lo que en él se suelen servir los tragos largos con mucho hielo. Se conoce también como Highball, Collins, Tumbler o Long Drink.

Vaso de chupito. Pequeño vaso de cristal para beber un trago corto o sorbito.

Vaso mezclador. Instrumento que sirve para mezclar bebidas sin densidad como los licores. Consta de tres partes: vaso (dentro tiene un decantador), gusanillo o pasador y cuchara mezcladora.

Índice de cócteles